100 MOTS À CONNAÎTRE *(d'urgence)* POUR REHAUSSER UN DISCOURS *(ou une conversation)*

“ AVANT-PROPOS

« La culture, c’est connaître cent mots de plus que les autres. »
Frédéric Dard, *Les Pensées de San Antonio*, 1996.

« Qu’on voie, en ce que j’emprunte, si j’ai su choisir de quoi *rehausser* mon propos », nous confie Montaigne, cité par Littré en son *Dictionnaire de la langue française*, achevé en 1872. Et le même Littré d’offrir parmi les sens figurés du verbe *rehausser*, « donner plus de force », « faire valoir davantage, mettre en plus grande estime ». C’est bien ici notre objectif : enrichir nos discours et conversations pour leur donner plus de force, en usant d’un vocabulaire qui ne soit pas de cette platitude qui ennuie et abaisse la pensée, faute de mots justes ou ambitieux.
Ainsi, chacun des 100 développements que nous avons proposés à partir d’un mot choisi constitue-t-il un prétexte à y faire éclore des bouquets de mots utiles et enrichissants. Les élus relèvent en effet chaque fois d’un même champ, prêts à être cueillis pour mieux valoriser ce que l’on souhaite exprimer. En décrire l’usage précis, et en exposer les nuances, avec notamment de nombreuses citations empruntées à notre littérature, telle est la démarche suivie.
On a parfois adopté pour l’ouverture de tel ou tel article un mot d’un registre très soutenu, voilà qui stimule alors notre curiosité

et l'on découvrira vite qu'aucun de ces termes n'est inutile. On gagnera même souvent à les gloser dans son propre discours pour leur donner de l'efficacité et du panache. Votre auditoire peut ne pas savoir ce qu'est le *népotisme*, le *paradoxe de l'âne de Buridan*, mais l'expliquer renforcera justement votre argumentation.

Quatre chapitres sont ainsi ménagés pour orienter sa consultation. On peut tout d'abord enrichir son discours en étant assurément plus précis, *pléthorique, sibyllin, concussion, procrastiner* sont de ce registre. On a ensuite souvent besoin d'être plus émouvant, plus élégant, et le deuxième chapitre y est consacré : *avoir de l'entregent, remercier l'amphitryon, agir avec célérité* seront mieux dits qu'avoir du « piston », « remercier la personne qui invite » et « faire vite ». Dans une troisième partie, on recherche le plaisant : évoquer l'*académie* de quelque *callipyge* est certes coquin, mais ce n'est pas vulgaire. Surtout si on est *abstème*… un mot à commenter auprès de vos *commensaux*. Enfin le dernier chapitre fait place à la culture à dissocier de la cuistrerie : le *rocher de Sisyphe*, le *tonneau des Danaïdes*, la *boîte de Pandore*, les *Cassandr*e et l'*œcuménisme* ne sont pas des mots prétentieux mais des concepts forts.

Je l'avoue : parmi les 100 mots choisis j'en ai glissé un que je ne connaissais pas il y a dix ans ; il s'agit pourtant de la qualité que je préfère : l'*équanimité*. Vous ne le connaissez pas encore ? Tant mieux, en partant de l'index vous irez ouvrir la page qui l'accueille. Et je gage que vous ne pourrez plus vous en passer !

RHÉTORIQUE

CARTÉSIEN

DIGRESSION

PERTINENT

TRUISME

CORROBORER

SOPHISME

SIBYLLIN

RÉFUTATION

POUR REHAUSSER
NOS DISCOURS ET NOS CONVERSATIONS…

… EN ÉTANT PLUS PRÉCIS…

« La justesse empêche de donner dans le faux ; et la précision écarte l'inutile. Le discours précis est une marque ordinaire de la justesse de l'esprit. »

Gabriel Girard, *Synonymes françois, leurs différentes significations et le choix qu'il en faut faire pour parler avec justesse*, 1640.

« Concision dans le style, précision dans la pensée, décision dans la vie. »

Victor Hugo, *Post-Scriptum de ma vie*, paru en 1901, textes rédigés en 1860.

« Il faut quelquefois user de précision pour bien connoistre la nature des choses. »

Article *Précision*, exemple du *Dictionnaire de l'Académie française*, 1694.

« Encore un mot nouveau, dont il ne faut pourtant pas se plaindre, parce qu'il porte avec lui un sens précis et déterminé. »

Louis-Abel Cousin-Jacques, *Dictionnaire néologique*, 1800.

« RHÉTORIQUE »

« **Rhétorique** : Art de bien parler sur quelque sujet que ce soit avec éloquence et avec force. »

L'Encyclopédie, article *Rhétorique*, Diderot, 1765.

« Sa rhétorique est parfaite… » Voilà ce qui sera dit de quiconque aura su défendre un point de vue avec une logique et une manière de s'exprimer apparemment sans faille. Attesté en 1130 en français, le mot *rhétorique* est issu du grec *rhêtorikê technê*, l'« art oratoire », c'est-à-dire l'ensemble des techniques destinées à persuader par la parole. Les Grecs avaient de fait constaté combien la sincérité d'un propos est souvent insuffisante pour convaincre, qu'il s'agisse d'un conflit avec un voisin, ou d'un point de vue politique à défendre. Ainsi, au Ve siècle av. J.-C. naquit la rhétorique, méthode raisonnée pour soutenir une cause, notamment devant des juges.

Elle connaît des excès avec les **SOPHISTES**, rompus à l'art de défendre n'importe quelle thèse en usant de raisonnements trompeurs. Au IVe siècle av. J.-C., Aristote redonnera cependant à la rhétorique toute sa vigueur en tant que progression rigoureuse d'idée en idée. Il exercera une influence considérable du Moyen Âge jusqu'au XIXe siècle. Au Ier siècle, Quintilien, avec *L'Institution oratoire*, poursuit la réflexion en offrant l'essentiel des éléments rhétoriques.

“

Quelques mots et principes à retenir

En bonne rhétorique, il convient d’abord de rechercher les **ARGUMENTS PROBANTS**, preuves appropriées à ce qu’on veut démontrer. Ensuite viennent l’**EXORDE** et sa **CAPTATION DE BIENVEILLANCE**, pour mettre en confiance, introduction suivie de l’annonce du plan du développement. Ce dernier est constitué de la **NARRATION** brève, claire et ordonnée des faits discutés et de la **RÉFUTATION** par anticipation des arguments adversaires. Enfin vient la conclusion, la **PÉRORAISON** devant marquer l’auditoire, avec s’il le faut des effets pathétiques.
Pour convaincre, il faut par ailleurs savoir utiliser les **FIGURES DE RHÉTORIQUE : FIGURES DE MOTS**, appelées aussi **TROPES**, recourant aux sens figurés, comme la métaphore (*brûler* pour *aimer*), la métonymie (*voile* pour *bateau*), et **FIGURES DE PENSÉE** comme l’**ANTITHÈSE** (*horrible splendeur*), la **PROSOPOPÉE** (faire parler un mort, une chose), la **COMPARAISON**. **Docere**, **delectare**, **movere**, enseigner, charmer, émouvoir mais aussi faire rire, affirmait Cicéron, le brillant orateur romain né en -106.

« CORROBORER »

« Rien dans ce que nous allons dire ne dément et n'infirme, tout au contraire **corrobore** ce que nous venons de dire dans les pages qu'on a lues. »

Victor Hugo, *Le Rhin*, 1842.

APPUYER une démonstration, **CONFIRMER, ÉTAYER** une opinion, en avançant un solide argument, c'est la **CORROBORER**, étymologiquement la **FORTIFIER**.
Le verbe *corroborer*, attesté en 1369, est en effet issu du latin *corrobare* né du préfixe *co-*, avec, et du verbe *roborare*, renforcer, *robor* désignant la force en latin. D'où le mot **ROBORATIF**, naguère un fortifiant, synonyme aujourd'hui de « revigorant ». Sa démonstration roborative nous stimule !

D'une tout autre étymologie est le **COROLLAIRE**, une proposition découlant de façon évidente et immédiate d'une autre proposition, plus précis que « suite logique » ou « conséquence immédiate ». À Hugo d'évoquer un « théorème orné de tous ses corollaires »… Dès 1367, le corollaire, un nouvel argument, fait écho au latin *corollarium*, une petite couronne donnée en gratification aux acteurs, d'où l'idée du supplément.

« DIGRESSION »

« Laissons cette **digression** et revenons à notre sujet. »
Jacques Maritain, *Humanisme intégral*, 1936.

« Elle fit des **PARENTHÈSES**, elle raconta ses malheurs », écrit Balzac dans *Splendeurs et misères des courtisanes*, en 1846. S'il s'était agi d'un discours, Balzac aurait pu utiliser le mot **DIGRESSION**, c'est-à-dire un développement oral ou écrit s'insérant dans un propos portant sur un thème, mais s'en écartant grandement. S'y retrouve le latin d'où il est issu au XIIe siècle, le verbe *digredi*, dérivé de *gradi*, avancer, mais en s'éloignant, comme l'indique le préfixe *di(s)*.

En 1746, dans ses *Réflexions et maximes*, Vauvenargues l'affirme à bon escient : « Les digressions trop longues ou trop fréquentes rompent l'unité du sujet et lassent les lecteurs, qui ne veulent pas qu'on les détourne de l'objet principal. » Une digression, souvent **HORS SUJET**, n'est pas pour autant une **DIVAGATION** ou une **ÉLUCUBRATION**, en général une œuvre ou une théorie peu sensée… Le verbe **DIGRESSER** reste le plus souvent d'usage ironique : « J'embrouille, je digresse », écrit Alexandre Arnoux dans *Royaume des ombres*, en 1954.

PERTINENT

« Une insistance convaincue – d'autant plus persuasive qu'elle s'appuyait sur des exemples **pertinents**. »
Roger Martin du Gard, *Souvenirs autobiographiques*, 1955.

Que l'on juge « bonne » une de vos idées est certes satisfaisant, mais il serait mieux de souligner qu'elle est **PERTINENTE**, ce qui serait affirmer qu'elle est « d'une grande justesse d'esprit » selon la définition du *Dictionnaire de l'Académie française*.

À l'origine de ce mot, attesté en français en 1300, se repère le verbe latin *pertinere*, aboutir, être relatif à, construit avec le préfixe intensif *per-* et *tenere*, tenir. Sur l'adjectif est né au XIVe siècle le substantif **PERTINENCE**, le fait d'être parfaitement adapté à ce dont il s'agit, d'être conforme à la raison : la pertinence d'une preuve, d'un argument.

Également valorisant, du latin *judicium*, discernement, est né l'adjectif **JUDICIEUX**. « Un jugement, un choix judicieux », **RAISONNABLE**, autant de qualités qui s'associent au talent pour l'historien Taine. Et à Sartre de déclarer en 1945 dans *L'Âge de raison* qu'il ne faut « oublier en aucun cas la plus française des vertus, la pertinence »…

« CARTÉSIEN »

« [La voie de la médecine française] est claire, logique, elle satisfait notre besoin spirituel d'ordre, de méthode, elle est adaptée à notre esprit **cartésien.** »

Ce que la France a apporté à la médecine [...], 1946.

Né en 1596, consacrant sa vie de philosophe mathématicien à la recherche de la vérité, René Descartes, Cartesius en latin – d'où l'adjectif **CARTÉSIEN** – publie en 1637 *Le Discours de la méthode* précédant plusieurs de ses traités scientifiques. Il y propose de faire **TABLE RASE**, *tabula rasa*, de ce qu'il a appris pour être **MÉTHODIQUE**, et selon le sous-titre « bien conduire la **RAISON** & chercher la vérité dans les sciences ».
Dans ce texte rédigé en français, fondateur de la philosophie occidentale, Descartes énonce quatre règles permettant d'être **RATIONNEL, LOGIQUE**. Tout d'abord, n'admettre pour vrai que le certain et non le probable. Ensuite diviser le complexe en ses différents constituants, puis passer à l'analyse du plus simple au plus complexe. Enfin, procéder à une « revue générale » pour prudemment ne rien omettre. « Ce n'est pas assez d'avoir l'esprit bon, mais le principal est de l'appliquer bien », nous rappelle Descartes.

TRUISME

« C'est un **truisme** que de dire que la science peut apporter le bonheur ou le malheur. »

Exemple du *Dictionnaire français contemporain*, Larousse, article *truisme*, 1966.

En 1878, l'Académie française définit ainsi le **TRUISME** : « Terme emprunté de l'anglais. Il se dit d'une vérité banale trop évidente, et qu'il est ridicule de vouloir démontrer ou même d'énoncer. » Si ce mot est attesté en langue française en 1828, il semble être né en anglais au tout début du XVIIe siècle en partant de l'adjectif « true », vrai, sûr.

Le truisme diffère de la **TAUTOLOGIE**, mot apparu en français en 1521 en tant que négligence de style, du grec *tauto*, le même. Elle désigne de fait la répétition inutile, en termes identiques ou équivalents, d'une idée déjà exprimée. « Monter en haut » est une tautologie, tout comme en 1669 l'exclamation d'Orgon dans *Tartuffe* : « Je l'ai vu, dis-je, vu, de mes propres yeux vu. » Effet de style ou maladresse, qui n'a pas été **TAUTOLOGIQUE** et ne s'est pas surpris énonçant des **LAPALISSADES** (p. 90) ou des **BANALITÉS**, des propos banals sans la moindre originalité ?

« SIBYLLIN »

« Quant au présent pour autant que je pouvais interpréter les paroles **sibyllines** de Françoise [...] c'était sur tout un ensemble qu'Albertine me mentait. »

Marcel Proust, *La Prisonnière*, 1923.

De quelqu'un usant de paroles **ÉNIGMATIQUES**, difficiles à interpréter, on dira plus précisément que son langage est **SIBYLLIN**. Cet adjectif attesté en 1355 en français fait référence aux sibylles, les prophétesses qui sous l'Antiquité transmettaient les oracles des dieux, prédisant l'avenir.

Elles étaient cependant réputées pour exprimer leurs oracles dans un langage énigmatique, susceptible de nombreuses interprétations. C'est ainsi que tout propos **AMBIGU, MYSTÉRIEUX, OBSCUR** put être qualifié de sibyllin.

Est **HERMÉTIQUE** ou **ÉSOTÉRIQUE** ce qui est en principe inaccessible aux non-initiés, conformément à l'étymologie, le grec *esôterikos*, réservé aux adeptes. Jérôme Tharaud signale que Maurice Barrès appelait « littérature sibylline, la littérature de rébus et de fumée de cigarettes... » À déconseiller !

SOPHISME

« Les premiers troubles de la jeunesse la trouvèrent [...] sans protection contre les **sophismes** et les piperies du monde. »
Jean Giraudoux, *Pour Lucrèce*, 1944.

La rhétorique est née en Grèce pour mieux soutenir un point de vue et l'emporter dans un débat. Elle a, au cours du Ve siècle av. J.-C., fait surgir des talents parmi les professeurs d'éloquence très écoutés. Gorgias, contemporain de Socrate, fut ainsi célèbre pour son enseignement de l'art de persuader.
Les philosophes accusèrent les **SOPHISTES** de ne pas œuvrer pour la connaissance en faisant fi de la vérité. Ils jouèrent pourtant, comme l'a démontré Barbara Cassin dans *L'Effet sophistique*, un rôle actif dans la réflexion politique. Issu de *sophia*, la sagesse, le grec *sophisma* désigna l'habileté, mais aussi un raisonnement trompeur sous une apparence de vérité, ce dernier sens étant retenu dans le mot français **SOPHISME**, attesté au XIIe siècle.

Parmi les sophismes, figure le **SYLLOGISME** souvent cité : « Tout homme est mortel. Or Socrate est un homme. Donc Socrate est mortel. » Mais que dire de « Tous les chats sont mortels, Or Socrate est mortel. Donc Socrate est un chat… » ?

“

QUELQUES SOPHISMES GRECS CÉLÈBRES

Le sophisme du crocodile : Ayant dérobé un enfant, le crocodile déclare à la mère que si elle lui dit une vérité, il rendra l'enfant, mais si c'est faux, il le dévorera. Et la mère de dire : « Tu ne me rendras pas mon enfant. » Impossible alors au crocodile d'agir : lui rendre son enfant parce qu'elle dit la vérité alors qu'en lui rendant elle ne dit plus la vérité.

Le sophisme dit du cornu : Ainsi libellé, « Vous avez ce que vous n'avez pas perdu. Or vous n'avez pas perdu de cornes. Donc vous avez des cornes. » On perçoit d'emblée l'absurdité de la conclusion, mais pas immédiatement que si, en effet, ce qu'on possède n'est pas perdu, pareille affirmation ne suffit pas à supposer qu'on a possédé quelque chose, en l'occurrence des cornes…

Le sophisme de la question dite multiple, c'est-à-dire cachant plusieurs questions : « Avez-vous cessé de battre votre père ? » Y répondre affirmativement ou négativement, c'est indirectement admettre qu'on a battu son père. « Laquelle de ces deux personnes est la plus compétente ? » Y répondre c'est déjà admettre qu'elles sont toutes deux compétentes. Bien des sondages faussent ainsi les réponses. Les sophismes conscients ou inconscients pullulent…

« RÉFUTATION »

« Nous ne disputons pas, nous ne **réfutons** personne, nous ne contestons rien, nous acceptons comme bonnes toutes les raisons alléguées en faveur de la propriété, et nous nous bornons à en chercher le principe... »

Proudhon, *Qu'est-ce que la propriété ?*, 1840.

On peut **S'OPPOSER** à une idée, à un discours qui vous sont tenus, mais c'est avec plus de précision qu'on les **RÉFUTERA**. La **RÉFUTATION** peut se définir comme le **DÉMENTI** d'une affirmation perçue comme inexacte.

Le latin *refutare* désignait au sens propre le fait de faire tomber quelqu'un, en le repoussant ; le verbe a ensuite pris en rhétorique un sens figuré, devenant le refus d'admettre un point de vue que l'on conteste. La réfutation correspond alors à la réponse aux **OBJECTIONS**, celles-ci représentant les premiers arguments opposés à une affirmation.

On formule ou soulève une objection, en espérant qu'elle soit fondée ; on écrit, prépare, oppose une réfutation en la pensant convaincante. Mérimée disait de Pierre le Grand qu'il n'y avait pas d'investigation lui semblant « inutile ou trop minutieuse, dès qu'il en sort la réfutation d'une erreur ».

« DISSENTIMENT »

« Frédéric-Guillaume [...] retrancha de leurs formules respectives ce qui occasionnait leurs **dissentiments** et leur ordonna d'être d'accord. »

Benjamin Constant, *Principes de politique*, 1815.

Ne pas être d'accord avec quelqu'un est un sentiment qui mérite d'être exprimé plus précisément. C'est ne pas être de même sentiment, avoir un **DISSENTIMENT**, mot issu du latin *dissentire*, être d'un autre avis. Le verbe dissentir, encore signalé au XIXe siècle par Littré, est sorti de l'usage.
De manière tout aussi courtoise, un **DÉSACCORD** peut se manifester si des appréciations **DIVERGENT**, c'est-à-dire, étymologiquement, inclinent dans des directions différentes, les points de vue s'écartant. Cette **DIVERGENCE** n'aboutit pas forcément à un **CONFLIT**, à une **DISCORDE**.

Au XVIIe siècle, Girard établissait une distinction entre un **DIFFÉRENT**, une **DISPUTE** et une **QUERELLE** : « La concurrence des intérêts cause les *différents*. La contrariété des opinions produit les *disputes*. L'aigreur des esprits est la source des *querelles*. On vide le *différent*. On termine la *dispute*. On apaise la *querelle*. » Restons paisibles !

A POSTERIORI, A PRIORI

« J'ai reconnu **a posteriori** qu'on ne pouvait pas faire confiance à cet homme. »
« Ils sont hostiles **a priori** à ce projet. »

Exemples respectifs d'*a posteriori*, et d'*a priori*,
Dictionnaire de l'Académie française, XXIe siècle.

On ne perçoit plus que la préposition ou l'adverbe **APRÈS** vient du latin *ad pressum*, issu de *pressus*, serré, à l'origine de la *pression* désignant bien un contact très serré. *Pressus* fit cependant place en Gaule romaine à un synonyme, *post*, celui-là même qui correspond à la locution adverbiale latine **A POSTERIORI**, « en partant de ce qui vient après ».

Cette locution latine est attestée en français dès 1626 tout comme son opposé **A PRIORI**, « en partant de ce qui est avant ». Dans la mesure où il s'agit d'emprunts au latin, ces formules ne comportent pas d'accent et c'est l'usage choisi par presque tous les dictionnaires contemporains. Cependant, au XIXe siècle, l'Académie a francisé la formule avec donc pour graphie *à priori* et *à postériori*, orthographe abandonnée pour la dernière édition, mais qui a néanmoins été maintenue dans le *Trésor de la langue française*, achevé en 1994.

“

ENTRE PHILOSOPHIE ET USAGE COURANT

« Débutez par la méthode *à priori* et donnez-lui comme contrepoids la méthode *à posteriori* », écrit dans la graphie du XIXe siècle le philosophe Victor Cousin. De fait, ces deux notions ont été étudiées par nombre de philosophes, Aristote étant le premier à faire état de ce double concept, assimilant ce qui est *a priori* à l'universel, et ce qui est *a posteriori* à l'individuel. De son côté, Kant fait de l'espace et du temps des connaissances *a priori*, et Nietzche assimile l'a priori à l'**INNÉ**, c'est-à-dire à ce qui est **ANTÉRIEUR** à toute expérience, contrairement à l'**ACQUIS**. Quant à Claude Bernard, fondateur de la médecine expérimentale, il considère une idée *a priori* comme étant une **HYPOTHÈSE**.
En 1901, Edmond Goblot résume ainsi les deux postures : « Les idées *a priori* sont celles qui ne peuvent [pas] avoir été acquises par l'expérience ; les idées *a posteriori* sont celles qui n'ont pu être fournies que par l'expérience. »
Dans l'usage courant, avoir un **APRIORI (A PRIORI)**, c'est avoir un **PRÉJUGÉ**, un **A PRIORI POSITIF** ou **NÉGATIF**. Ainsi, d'abord – **A PRIORI**, **PRÉALABLEMENT** – n'exclut pas ensuite – **ULTÉRIEUREMENT, A POSTERIORI** – un contrôle bienveillant !

CONCOMITANCE

« Les tremblements de terre et les volcans sont deux effets successifs ou **concomitants** d'une même cause générale. »
Louis Figuier, *La Terre et les Mers*, 1863.

À la fin du XIVe siècle est attestée la **CONCOMITANCE**, du latin médiéval *concomitencia*, la coexistence de deux choses, vocable issu du verbe *comitari*, accompagner.
Sont **CONCOMITANTS** des faits se produisant en même temps, **SIMULTANÉMENT**. La concomitance a gagné au cours de l'histoire des sens spécifiques, d'abord religieux à propos de l'eucharistie faisant coexister le corps et le sang du Christ par le pain et le vin, puis en acoustique, pour évoquer des sons produits parallèlement, **CONCOMITAMMENT**.
Dans le sillage de Saussure, les linguistes étudient en **SYNCHRONIE** des faits de langue relevant de la même période, à dissocier de la **DIACHRONIE**, cadre de leur évolution dans le temps. « Ils avaient l'impression d'une synchronie parfaite, ils étaient à l'**UNISSON** du monde », insiste Perec pendant que Thierry Monier, en 1946, dénonce « l'égoïsme avec ses **CONCOMITANTS** : la cupidité et l'économie, la dureté, l'oubli raide des infortunes ».

LAPIDAIRE

« Bacon essaya de fixer en formules **lapidaires** les procédés de la pensée scientifique. »
Léon Brunschvicg, *Descartes et Pascal…*, 1942.

« Le roi les fit lapider », « tuer à coups de pierre », lit-on en 1680 dans le *Dictionnaire françois* de Richelet. Quant au lapidaire, il s'agit du « marchand qui achète & vend toutes sortes de pierres prétieuses », distinctes des pierres qui tuent ! Du latin *lapis,* pierre, est né le nom et l'adjectif **LAPIDAIRE** qualifiant un musée de pierres sculptées, mais aussi la qualité d'un style **CONCIS**, à la façon des inscriptions gravées sur la pierre. C'est ainsi que Barbey d'Aurevilly peut dire de M. de Mesnilgrand, en 1874, qu'« en conversation, il gravait le mot. Il avait le style lapidaire… » et qu'on peut conclure un développement **LAPIDAIREMENT**, en peu de mots mais précisément. De même nature est une réponse ou un style **LACONIQUE**, à l'instar des Laconiens célèbres pour la concision de leur langage. Et l'on réfléchira sur ces formules lapidaires de Girard en 1740 : « On prolonge le **BREF**. On allonge le **COURT**. On étend le **SUCCINCT**. Le long est l'opposé des deux premiers, & le diffus l'est du dernier. »

“PROCRASTINER”

« Cette habitude [...] de l'ajournement perpétuel de ce que M. de Charlus flétrissait sous le nom de **procrastination**. »
Marcel Proust, *La Prisonnière*, 1922.

« J'ai une peur atroce que mes drôles ne **LAMBINENT**, ils mettent dans cette affaire une lenteur, une **INCURIE** incroyables », écrit Flaubert dans une lettre de 1846. Le mot familier **LAMBIN**, né au XVIe siècle, est issu du *lambeau*, chiffon sans consistance, d'où la personne qui traîne. Plus grave est l'incurie, **LAISSER-ALLER** et négligence grave, à force de **DIFFÉRER** une décision, d'**ATERMOYER**.
« Sa difficulté à choisir, à se décider, le fait parfois attendre jusqu'au dernier moment : il **PROCRASTINE**, selon le mot de Proust », signale Michel Pouquet en 1997 à propos des adolescents. Dérivé du latin *de crastinus,* du demain, et de *pro,* en avant, la **PROCRASTINATION** nous touche hélas tous, prompts à tout **REMETTRE AU LENDEMAIN**. « Les atermoyeurs, **PROCRASTINATEURS** et lambins de mon acabit sont justement de ceux qui ne finissent rien et même ne commencent pas davantage », s'exclame Amiel dans son *Journal* en 1866. Qui ne s'est pas fait ce reproche ?

LATENT

« Ne peut-on admettre [...] que les êtres exceptionnels [...] ne sont que le fait de l'éclosion spontanée de qualités supérieures restées **latentes** chez leurs prédécesseurs ? »

Jean Déhès, *Sur l'amélioration des races chevalines*, 1868.

« Ainsi commencèrent à germer avec mes malheurs les vertus dont la semence était au fond de mon âme, [...] et qui n'attendaient pour éclore que le ferment de l'adversité », déclare Rousseau dans ses *Confessions*, prenant conscience de ses qualités jusqu'ici **LATENTES**.

Emprunté au latin *latens*, caché, mystérieux, secret, l'adjectif « latent » est attesté au XIVe siècle avec ce même sens, pouvant, par exemple, qualifier un danger ou un désaccord latent, existant mais ne s'étant pas encore manifesté. Une période de **LATENCE** avant qu'elles ne se déclarent caractérise certaines maladies.

SOUS-JACENT, du latin *jacere*, être étendu, n'est pas à confondre avec « latent » : est sous-jacent ce qui est caché, ne se voit pas : des difficultés sous-jacentes. « La sympathie peut faire éclore bien des qualités somnolentes... » affirme Gide : faire germer nos qualités latentes, beau programme !

PLÉTHORIQUE

« L'état du marché était trop prospère, d'une prospérité **pléthorique** qui ne valait rien, pas plus que la mauvaise graisse des gens trop gras. »

Émile Zola, *L'Argent*, 1891.

Écrivant à Léon de Saint-Valéry, le 15 janvier 1870, Flaubert lui déclare qu'« il y a trop, beaucoup trop de dialogues », ce qu'on peut traduire par « il y a **PLÉTHORE** de dialogues », ou « les dialogues sont **PLÉTHORIQUES** ».

Attesté en 1370, la « plectorie » désigne la surabondance des humeurs, du sang. Issu du grec *plêthôrê* désignant la plénitude, être « pléthorique » est ensuite devenu synonyme de **SURABONDANT, EXCESSIF, SURCHARGÉ**.

Si la *pléthore sanguine* reste en usage, le sens figuré et littéraire l'a emporté, qu'on ait affaire à une **PLÉTHORE** de marchandises ou de candidats, ou bien à un programme pléthorique. Abondante, « **PROLIXE** par essence, la littérature vit de la pléthore de vocables, du cancer du mot », affirme en 1952 Cioran dans *Syllogismes de l'amertume*. S'agissant de mots, parfois point trop n'en faut !

« INTRINSÈQUE »

« Habitué par les événements de la guerre, à juger de la valeur **intrinsèque** des hommes, le commandant admira la singulière prestesse [...] de Butifer. »

Balzac, *Le Médecin de campagne*, 1833.

Du latin *intrinsecus*, « au-dedans, intérieurement », est né en latin *scolastique* l'usage du mot français tel qu'on le retrouve en 1694 dans le premier *Dictionnaire de l'Académie française* : « Terme de philosophie qui est intérieur & au-dedans de quelque chose. [...] *Qualités intrinsèques, propriétés intrinsèques, bonté intrinsèque.* » On évoquera aussi aujourd'hui les difficultés intrinsèques d'une entreprise, la valeur intrinsèque d'une pièce, celle de son métal.

En 1848, Guizot affirme qu'« *intérieur* se dit principalement des choses spirituelles ; *interne* a plus de rapport aux parties du corps ; *intrinsèque* s'applique à la valeur ou à la qualité qui résulte de l'essence des choses mêmes, indépendamment de l'estimation des hommes. » En 2016, dans *Le Coma des mortels*, Maxime Chattam ajoute qu'« on ne peut se voir tel qu'on est **INTRINSÈQUEMENT**, pas sans un minimum de fard, sans travestir un tant soit peu la réalité ». Soit !

INCOERCIBLE

« C'est un rire sans méchanceté, mais un fou rire **incoercible**, qui s'empara de nous à ces mots. »
André Gide, *Si le grain ne meurt*, 1924.

INCOERCIBLE, dira-t-on spontanément, désigne ce qui n'est **PAS COERCIBLE**, les deux adjectifs étant attestés dans la seconde moitié du XVIIIe siècle. « Coercible », précise Littré en 1863, est un « terme de physique » signifiant « qui peut être retenu entre des parois », avec pour étymologie le latin *coercer*, retenir, construit sur *arcere*, contraindre, et le préfixe *co-* indiquant la simultanéité.
Aussi, est-ce d'abord en physique qu'on évoquera une **FORCE INCOERCIBLE**, impossible à maîtriser, **INARRÊTABLE, INCOMPRESSIBLE**. On utilisera ensuite cet adjectif pour qualifier des réactions physiologiques telles qu'un hoquet ou une toux incoercible, mais aussi un rire impossible à retenir, **IRRÉPRESSIBLE**.
Par extension, Diderot évoque en 1767 une « foule d'esprits incoercibles et véloces sortis de la tête de Bouchardon », tout comme, en 1937, Émile Henriot fera état d'un « incoercible amour » dans *Portraits de femmes*. L'amour : **UN INCOERCIBLE** !

« SUPERFÉTATOIRE »

« … pavillons […] aux formes extravagantes, avec des portes et des fenêtres absurdes ou inutiles, et des marches **superfétatoires**. »
Blaise Cendrars, *L'Homme foudroyé*, 1945.

Un adjectif peut parfois être infiniment plus connu que le substantif dont il tire son origine : ainsi en est-il de l'adjectif **SUPERFÉTATOIRE** issu de la **SUPERFÉTATION**, mot attesté dans l'œuvre de Rabelais en 1532 alors que **SUPERFÉTATOIRE**, qualifiant ce qui s'ajoute inutilement à une autre chose, n'entre en langue française qu'en 1901.
Les deux mots ont pour étymologie latine *fetare*, pondre, *superfetare* signifiant concevoir de nouveau et de manière anormalement rapprochée, d'où la superfétation assimilée au sens figuré à une inutile addition. « Ce qui est en trop. Ce chapitre est entièrement inutile, c'est une superfétation », signale au XIXe siècle Littré.
L'adjectif a pris le relais : un argument, un détail, un effort superfétatoire ou **INUTILE, SUPERFLU, VAIN**. Et Francis Ponge de nous faire rêver en comparant un papillon à un « minuscule voilier des airs maltraité par le vent en pétale superfétatoire ».

ARCHÉTYPE

« L'hôtel des Cormon… est dans son genre, un **archétype** des maisons bourgeoises d'une grande partie de la France. »

Balzac, *La Vieille Fille*, 1837.

Harpagon, **MODÈLE** de l'avare… lira-t-on à propos de ce personnage de Molière. À dire mieux, il s'agit bien de l'**ARCHÉTYPE** incarnant parfaitement ce défaut. Ainsi, en 1887, un personnage d'une nouvelle de Villiers de L'Isle-Adam, *Tribulat Bonhomet*, peut-il déclarer vaniteusement : « À moi seul j'ai la physionomie de mon siècle, dont j'ai lieu de me croire l'archétype. »

Avec pour origine première le grec *arkhetupon*, « type primitif, modèle », le mot « archétype » entre en français au XIIIe siècle, en étant également synonyme d'**IDÉAL**, d'**ÉTALON** : l'archétype d'un poids à la Cour des Monnaies du XVIIe siècle. Au XIXe, il devient aussi un **EXEMPLE**, le modèle d'un genre donné, à la façon d'un **PROTOTYPE** : l'archétype d'un discours, l'archétype d'un voilier.

Un **MANUSCRIT ARCHÉTYPE** désigne l'exemplaire premier, **ORIGINEL, l'ORIGINAL** d'un texte par rapport à ses copies.

L'ARCHÉTYPE : UN CONCEPT VIF ET ANCIEN

Lorsqu'il entre dans un dictionnaire, celui de Furetière en 1690, l'**ARCHÉTYPE** bénéficie d'une définition déjà très complète : « **ORIGINAL, PATRON** sur lequel on dresse un ouvrage, ou une copie semblable. Les Philosophes parlent du monde Archétype, tel qu'il étoit dans l'idée de Dieu avant sa création. » Dès l'origine, la philosophie est de mise !

L'archétype y représente de fait un « principe supérieur en perfection aux choses, aux êtres qui en dérivent » soulignent les auteurs du *Trésor de la langue française* en 1971. Pour Platon, né au Ve siècle av. J.-C., existent ainsi les « idées archétypes », formes éternelles demeurant « au fond du cerveau », précise Voltaire. Ces formes immuables ont, selon Platon, déterminé toutes les conditions de l'Univers.

Dans le domaine de la psychanalyse, Jung a, selon le mot d'André Maurois, assimilé l'archétype à des « fictions mères » qui organisent la vie spirituelle, en structurant nos rêves et mythes. Et ces émotions et représentations, établies dans l'inconscient individuel auraient une valeur universelle.

En littérature, dans *La France byzantine*, ouvrage publié en 1945, Julien Benda affirme que « l'auteur est tenu pour un archétype de comportement intellectuel par toute une génération ». De l'importance de la littérature…

« PROBITÉ »

« Ces hommes, ces femmes si pauvres, soumis à tant de privations, sont d'une **probité** sévère, et ne peuvent tolérer un acte malhonnête. »
Anatole France, *Les dieux ont soif*, 1912.

En 1858, paraît le *Dictionnaire de synonymes de Lafaye*, linguiste soucieux de relever l'« idée générale commune » à tout groupe de synonymes. Les mots **VERTU, PROBITÉ, INTÉGRITÉ, HONNÊTETÉ, HONNEUR** désignent ainsi « l'heureuse habitude de faire le bien et de fuir le mal ».

La *vertu*, « contraire du vice », représente la conduite de l'homme « moralement bon », indépendamment de ses semblables. En revanche, la *probité* « est uniquement relative aux devoirs envers autrui » : rester **PROBE** dans la vie civile. À l'*intégrité* se rattache l'idée de « constance à repousser les sollicitations de l'intérêt ou les efforts de la séduction ». Quant à l'*honnêteté*, elle réside « dans l'âme » pendant que l'*honneur* « dépend de l'opinion des autres à notre égard ». La probité peut certes être absolue, exemplaire, mais avec Victor Hugo et *La Légende des siècles*, on se doit, à l'instar de Booz, d'être « Vêtu de probité candide et de lin blanc » !

« NÉPOTISME »

« Jamais Souverain Pontife n'avait moins cédé au **népotisme**, à ce point que ses trois neveux et ses deux nièces restaient pauvres. »
Émile Zola, *Rome*, 1896.

André Gide craignait qu'un trop grand nombre de fonctionnaires n'entraîne le développement excessif de places à conquérir, soit par examens et concours – pourtant bienvenus… – soit encore, « ce qui serait pire » selon lui, « par **NÉPOTISME** ou **FAVORITISME** ». Quelle est la différence ? D'un côté, il faut faire référence aux neveux des papes de la Renaissance, de l'autre aux faveurs accordées aux connaissances en leur octroyant un poste.

Dans une lettre du 28 avril 1653 adressée à Conrart, Guez de Balzac, évoquant les faveurs excessives accordées par certains papes à leurs neveux et aux membres de leur famille, francise le mot italien construit à partir du latin, *nepos*, neveu, petit-fils, et crée le « népotisme ». Au XIXe siècle, le mot désignera plus largement tout abus consistant à offrir des avantages, des **PASSE-DROITS**, à sa famille notamment. En 1960, était attesté le **COPINAGE**, la place aux copains…

« CONCUSSION »

« On prit, pour mettre Peyrade à l'écart, le vulgaire prétexte de **concussion** : il avait favorisé la contrebande en partageant quelques profits avec le haut commerce. »
Honoré de Balzac, *Splendeurs et misères des courtisanes*, 1847.

Sans doute issu d'une association du verbe familier *grenouiller*, participer à des **TRACTATIONS** malhonnêtes, et d'un radical gaulois, *mag*, boue, la **MAGOUILLE**, mot vulgaire, est attestée vers 1968 pour désigner des opérations frauduleuses le plus souvent financières, synonymes de **TRIPOTAGES**, **COMBINES** et autres mots relâchés.

De façon plus élégante on évoquera la **CONCUSSION**, c'est-à-dire un **DÉTOURNEMENT DE FONDS**, une **MALVERSATION** commise par un fonctionnaire percevant sciemment des fonds par abus de l'autorité que lui confère sa charge. Être accusé, **CONVAINCU DE CONCUSSION**, représente un délit grave.
Attestée au XIVe siècle et tirée du latin *concussio*, secousse, la concussion fut d'abord une forte secousse, celle d'un éternuement, avant de représenter une lourde accusation, qui peut aussi « secouer » gravement une administration !

« PLAGIAT »

« On lui avait intenté des **plagiats** imaginaires ; on rapprochait des passages de son livre avec des passages d'auteurs anciens ou modernes. »

Théophile Gautier, *Préface de Mlle de Maupin*, 1835.

Dans l'*Itinéraire de Paris à Jérusalem* publié en 1811, Chateaubriand évoquant Deshayes, envoyé par Louis XIII en Palestine, signale qu'« il est si clair et si précis dans le style un peu vieilli de son secrétaire, que Paul Lucas l'a copié mot à mot, sans avertir du **PLAGIAT**, selon sa coutume ». Copier ainsi c'est en effet **PLAGIER**, être un **PLAGIAIRE**.

Ce dernier mot, avant de désigner la personne coupable de s'approprier ce qu'elle a déniché dans les ouvrages d'autrui, en le reprenant littéralement ou s'en inspirant très fortement, a eu un premier sens aujourd'hui inusité. Dans la Rome antique, le *plagiarius* faisait commerce des esclaves et d'hommes libres vendus comme tels. Par extension, le plagiaire fut en français au XVIe siècle un voleur d'enfants, et au sens figuré la personne pratiquant le **PILLAGE** du contenu des œuvres d'autrui. Ce dernier usage s'imposerait alors pour dénoncer le **COPIAGE** et les **COPIEURS**.

SÉRENDIPITÉ

AMÉNITÉ

PROMÉTHÉEN

MÉCÉNAT

ÉGÉRIE

EUPHÉMISME

MORIGÉNER

ENTREGENT

CÉLÉRIT

POUR REHAUSSER
NOS DISCOURS ET NOS CONVERSATIONS...

... EN ÉTANT ÉMOUVANT, ÉLÉGANT...

« Je vous remercie de tout cœur du message émouvant que vous m'avez envoyé pour la victoire. »

Charles de Gaulle, *Mémoires de guerre*, 1959.

« Je crois que l'élégance consiste à donner à la pensée un tour noble & poli, & à la rendre, par des expressions châtiées, coulante & gracieuse à l'oreille ; que ce qui fait l'éloquence est un tour vif & persuasif, rendu par des expressions hardies, brillantes & figurées, sans cesser d'être justes & naturelles. L'élégance s'applique plus à la beauté des mots & à l'arrangement de la phrase. L'éloquence s'attache plus à la force des termes, & à l'ordre des idées. »

François Guizot, *Nouveau dictionnaire des synonymes*, 1848.

« Cet écrivain élégant et exact nous a représenté les forêts de cette île entremêlées de grandes clairières... »

Bernardin de Saint-Pierre, *Harmonies de la nature*, 1814.

EUPHÉMISME

« Prudence n'est que l'**euphémisme** de peur. »
Jules Renard, *Journal*, 30 mai 1895.

Atténuer, adoucir, rendre moins brutale la formulation simple ou crue d'idées désagréables, tristes, choquantes, tel est le rôle de l'**EUPHÉMISME**, tantôt très utile, tantôt excessif, ridicule ou ironique. Ainsi **EUPHÉMISER** en ne disant pas « les vieux », mais les « seniors », « le troisième âge » peut s'apprécier. Mais fuir les mots justes, ne parler que par euphémismes, devient vite ridicule : « Il est hélas mort sur le champ de bataille, pendant la guerre d'Algérie » n'est pas mieux dit en déclarant : « Il a hélas rejoint les étoiles sur le théâtre des opérations, pendant les événements d'Algérie. »
ÉDULCORER la réalité, l'adoucir au risque possible d'être mièvre, c'est donc pratiquer l'euphémisme. Son étymologie est transparente : Le grec *euphêmismos* est en effet construit avec le préfixe *eu*, bien, et *phêmê*, la parole, s'assimilant donc à une parole douce. Cette figure de pensée n'a de fait jamais cessé d'exister, qu'il s'agisse au XVIIe siècle de la préciosité ou au XXe du *politiquement correct*, la « néobienséance »…

“

DE TRÈS NOMBREUSES FACETTES

Dès l'édition de 1835 de son dictionnaire, l'Académie française offre des exemples illustrant ce qu'est un euphémisme : « *Mettre au secret* pour *Mettre en prison* ; *l'exécuteur des hautes œuvres* pour *le bourreau…* » Exemples auxquels s'ajoute au XXIe siècle, entre autres : *Il est bien fatigué* pour *Il va très mal.* Ainsi, tantôt littéraire et installé dans la langue, tantôt délicat, l'euphémisme se présente sous de multiples facettes.

LITOTE et **EUPHÉMISME** sont souvent rapprochés : alors que l'euphémisme atténue l'aspect désagréable d'une réalité, la litote, en disant moins ou en usant de la forme négative, dit davantage. Ainsi en est-il de Chimène déclarant son amour à Rodrigue : « Va, je ne te hais point. » Dans le même esprit, l'**ANTIPHRASE** consiste, par scrupule ou ironie, à exprimer le contraire de ce qu'on dit : les furies grecques appelées *Euménides*, c'est-à-dire en grec les *bienfaisantes* ; le *petit* désignant le *grand* ; *c'est malin !* pour dire *c'est idiot !*

Un euphémisme peut, entre autres, être littéraire, *être étendu sous la lame* (Ronsard), pour « être mort » ; courant, *rendre les derniers soupirs*, pour « mourir » ; ironique, *chatouiller les côtes*, pour « rosser ». On peut préférer entendre dire qu'on est *enveloppé* plutôt que « gros »…

AMÉNITÉ

« Il avait jusqu'alors trouvé la vicomtesse pleine de cette **aménité** polie, de cette grâce melliflue donnée par l'éducation aristocratique. »
Honoré de Balzac, *Le Père Goriot*, 1835.

« Je compte sur votre **GENTILLESSE** » est-il donné en exemple en 1966 dans le *Dictionnaire français contemporain* pour la gentillesse, « complaisance attentive et aimable ». Comptons aussi sur l'**AMÉNITÉ**, « charme fait de douceur et de courtoisie » est-il souligné dans le *Trésor de la langue française* en 1971. Et l'**AFFABILITÉ**, écoute bienveillante de chacun, de relever de la même délicate **COURTOISIE**.

Issue du latin *amœnus*, agréable, qualifiant d'abord l'agrément d'un lieu avant la douceur accompagnée de grâce, de politesse, l'aménité est attestée en français au XIVe siècle.

On ne croit pas Hyacinthe de Charencey affirmant en 1888 dans *Pensées et maximes diverses* que « la droiture du jugement, l'aménité des manières [...] constituent sans doute de puissants moyens de parvenir ; mais [...] ces qualités ne valent pas d'ordinaire la souplesse de caractère et l'absence de scrupules. » L'aménité reste une valeur sûre.

ÉGÉRIE

« Ainsi, Numa n'est à mes yeux qu'un méprisable jongleur, quand il feint d'avoir des entretiens secrets avec la nymphe **Égérie**, et quand, pour façonner les Romains à la servitude, il établit des pontifes, des augures et tous ces divers sacerdoces qui ont tenu le peuple de Rome dans la dépendance des grands… »

Dupuis, *Abrégé de l'origine de tous les cultes*, 1796.

Considérée comme la déesse des femmes dans la mythologie romaine, Égérie est une nymphe que le roi mythique de Rome, Numa Pompilius, disait consulter la nuit près d'une source au cœur d'un bois sacré pour prendre ses décisions. Tardivement, en faisant référence à cette légende, Balzac fit du nom d'Égérie une antonomase, le métamorphosant en effet en nom commun portant ses caractéristiques. Une **ÉGÉRIE** devient l'**INSPIRATRICE** d'une figure politique, artistique ou littéraire, en somme sa **CONSEILLÈRE** privilégiée, sa **MUSE**, son **GUIDE**.

« Je serais député, je ne ferais point de boulettes, car je consulterais mon égérie dans les moindres choses », s'exclame l'un des personnages de Balzac dans *La Cousine Bette* publié en 1846. Quelle chance d'avoir une égérie !

“ MÉCÉNAT ”

« Tout cet énorme développement n'a été possible, matériellement parlant, que par une intervention de plus en plus massive des gouvernements (et à un moindre degré, du **mécénat** de l'industrie privée) dans l'octroi de bourses d'études et le financement des universités et des divers centres de recherche. »

Histoire générale des sciences, 1963.

Si en 1874 le **MÉCÉNAT** représente un mot nouveau pour Littré, en revanche le **MÉCÈNE** est déjà défini par Richelet en 1680, en tant que « nom d'homme qui du temps de l'Empereur Auguste [Ier siècle av. J.-C.] étoit en faveur & apuioit les gens de lettres de son crédit. » En 1762, il est plus largement défini par l'Académie comme « un homme qui encourage les sciences, les lettres, & les arts, par estime pour ceux qui les cultivent ».

BIENFAITEUR, PROTECTEUR, soutien financier, le mécène reste d'usage plus valorisant que l'anglicisme **SPONSOR** attesté en 1954, désignant en anglais un **PARRAIN**, bailleur de fonds, même si l'origine en est latine, du latin *spondere*, s'engager.
On n'oublie pas à la Renaissance le mécénat des Médicis, illustrant l'**AIDE FINANCIÈRE DÉSINTÉRESSÉE**, si précieuse pour les artistes.

« ENTREGENT »

« Ayant vécu dans deux des plus brillantes maisons de Paris, je n'avais pas laissé, malgré mon peu d'**entregent**, d'y faire quelques connaissances. »
Jean-Jacques Rousseau, *Les Confessions*, 1789.

Avoir des **RELATIONS**, des amis, qui peuvent vous aider, un **RÉSEAU DE CONNAISSANCES** influentes, c'est **AVOIR DE L'ENTREGENT**. On reconnaît aisément l'origine du mot construit au Xe siècle avec l'adverbe « entre » et le substantif « gent » désignant jadis une population, un peuple, et il s'agit donc, selon la définition donnée en 1680 dans le *Dictionnaire françois*, d'avoir « une manière civile & honnête de s'introduire parmi le monde ». Cependant l'auteur du dictionnaire, Richelet, se trompe en précisant d'emblée qu'on a affaire à un « mot qui a vieilli ». Il a effectivement gardé toute sa vigueur aujourd'hui.

On rejoindra Littré en lui donnant pour origine la fauconnerie. Faire acquérir de l'entregent aux faucons était en effet indispensable : il fallait habituer les rapaces à côtoyer des êtres humains, en les promenant dans une foule de plus en plus dense. « C'est […] une très utile science que la science de l'entregent », déclarait au XVIe siècle Montaigne. Assurément.

CÉLÉRITÉ

« Faire régner la terreur, déployer des marques splendides de barbarie fléchiraient le moral des pères au combat et favoriseraient la victoire remportée avec plus de **célérité**. »
Patrick Grainville, *Les Flamboyants*, 1976.

Il faut « faire vite et bien ». Qui n'a pas entendu cette formule convenue ? Un mot précis y correspond : la **CÉLÉRITÉ**, la rapidité dans l'exécution d'une tâche, d'une mission. Attesté en 1358, il est issu du latin *celer*, rapide – présent dans *accélérer, décélérer* – et de son dérivé *celeritas*, la **VITESSE** d'exécution. La célérité désigne tantôt une rapidité de mouvement, celle qu'en 1834, dans *Eugénie Grandet*, Balzac repère avec « la célérité de souris effrayées qui rentrent dans leur trou », tantôt une rapidité d'action associée à l'efficacité, comme en témoigne au XVIIIe siècle le critique Desfontaines : « Les Romains bâtirent des navires avec une célérité capable de faire croire que leurs forêts avaient été tout à coup métamorphosées en galères. »

Au-delà de ces nuances de sens, la célérité a disposé d'un sens scientifique relevé par les encyclopédistes : « Célérité (Méchanique)… proprement la vitesse d'un corps en mouvement […] parcourant un certain espace dans un certain temps. »

“

DE LA VARIÉTÉ DANS LA RAPIDITÉ

Autour de l'idée d'un « développement plus ou moins vif », Lafaye relève en 1859 deux groupes : **VITESSE, RAPIDITÉ, CÉLÉRITÉ, VÉLOCITÉ ; ACTIVITÉ, PROMPTITUDE, DILIGENCE, EXPÉDITION, CÉLÉRITÉ.**

La **VITESSE,** qui dérive du mot *vite*, peut-être une onomatopée, imitant un glissement rapide, est selon Lafaye un « terme positif [...] celui de la physique » : la vitesse d'un train. La **RAPIDITÉ**, du latin *rapere*, entraîner violemment, illustre une « grande vitesse » : la rapidité d'un torrent. La **CÉLÉRITÉ** relève d'une « très grande vitesse », mais « sans l'idée de force ou de violence » de la rapidité. Elle peut s'appliquer « à une action proprement dite, d'où sa présence dans le deuxième groupe de mots. Quant à la **VÉLOCITÉ**, du latin *velox*, rapide, Lafaye la croit d'usage rare, constat démenti au XXe siècle, *véloce* désignant l'agilité dans la rapidité : le geste ou la parole véloce.

Sous le signe de l'activité humaine, la célérité ignore l'argent. « *Activité* exprime du zèle ; *promptitude*, de la soudaineté ; *diligence*, du soin ; et *expédition,* du détachement ». D'où le fait que « l'homme *actif* n'est pas languissant, l'homme *prompt* commence et finit tôt, l'homme *diligent* n'est pas négligent, l'homme *expéditif* ne se laisse pas arrêter par les incidents ». Autant d'attitudes à bien choisir !

« PROMÉTHÉEN »

« De fait, la littérature se pose en lieu de toutes les conquêtes prométhéennes. »

Revue *Nuit blanche*, n° 164, 2021.

Qui était **PROMÉTHÉE** d'où est issu le mot « prométhéen » ? Héros de la mythologie grecque, Prométhée, du grec *promêtheûs*, prévoyant, fut le Titan qui déroba le feu sacré de l'Olympe pour en faire don aux êtres humains. Zeus le condamna alors à être enchaîné à un rocher du Caucase, un aigle dévorant chaque jour son foie, lequel se régénérait la nuit.

Ce « donneur de feu », en ayant cherché à aider les hommes à devenir les égaux des dieux, devint une figure universelle, illustrant le **FEU, LE MYTHE PROMÉTHÉEN**, c'est-à-dire le désir de se surpasser et celui de l'effort incessant pour de vastes entreprises, se fondant sur la foi en la grandeur humaine.

Issu d'un conte allemand, repris par Goethe, un autre personnage, Faust, a également donné lieu à un mythe : Faust ayant passé un pacte avec le diable, Méphistophélès lui propose la réalisation de ses désirs en échange de son âme. Le **PACTE FAUSTIEN** désigne l'abandon de ses valeurs morales au profit de la richesse. Ne pas hésiter entre être **FAUSTIEN** ou **PROMÉTHÉEN**…

RÉSILIENCE

« Dans ce deuil une fois encore, elle étonna ses amis par son immédiate **résilience.** »

André Maurois, *Lélia*, 1952.

Du latin *resilire*, construit à partir de *salire*, monter, et du préfixe *re-*, littéralement « sauter en arrière, rebondir », est né, d'abord en anglais en 1824 puis emprunté en français en 1911, la **RÉSILIENCE**, résistance d'un matériau ou d'une personne. Et en 1932 apparaît l'adjectif **RÉSILIENT**. Ainsi, dans son ouvrage consacré au bois, J.-P. Campredon peut-il écrire en 1948 qu'« il ne serait pas normal d'utiliser en carrosserie [...] des bois qui n'auraient pas une résilience suffisante », entendons une **RÉSISTANCE** au choc. D'où l'existence d'un « coefficient de résilience », se rapprochant ici de la notion d'**ÉLASTICITÉ**. Au sens figuré, la résilience représente la **FORCE MORALE**, consistant à ne pas se laisser décourager. Concept important de la psychologie pour évoquer nos réactions post-traumatiques, la résilience s'est installée dans l'usage dès les années 1960. Elle définit aussi aujourd'hui la capacité d'un écosystème à se régénérer, ou d'un système informatique à continuer de fonctionner en cas de panne. La résilience sait rebondir...

« SÉRENDIPITÉ »

« La prise de risque, la confiance et la sérendipité sont les ingrédients clés de la joie. Sans risque, rien de nouveau n'arrive jamais. [...] Sans **sérendipité**, il n'y a pas de surprises. »
Rita Golden Gelman, *Tales of a female nomad*, 2002.

S'il est un concept qui nous fait rêver, que l'on soit en pleine préparation d'un plat ou investi dans la recherche, c'est sans doute celui de la **SÉRENDIPITÉ**, consistant à découvrir par hasard quelque chose d'important, alors que l'on cherchait autre chose. Que ce soit les demoiselles Tatin renversant accidentellement en 1923 une tarte aux pommes et inventant la célèbre tarte Tatin, ou encore la pénicilline découverte par Fleming constatant qu'une moisissure accidentelle avait détruit des bactéries, l'imprévisible **SERENDIPITÉ, l'HEUREUX HASARD** constructif, est à l'origine de bien des progrès.

Ce mot a été imaginé par l'anglais Walpole en 1754 d'après un conte persan, *Les Aventures de trois princes de Serendip*, où les héros découvrent sans cesse ce qu'ils ne cherchent pas. Ce mot, *serendipity*, plut aux sociologues anglais, puis aux psychologues français, avant de rejoindre le vocabulaire général cultivé. Ainsi l'île de Serendip, Sri Lanka, se révèle *Île aux trésors* imprévus !

“ SURCHARGE PONDÉRALE ”

« Divorcez, tombez amoureux de quelqu'un qui ne vous aime pas, vivez seul et ressassez votre tristesse à longueur de journée. Votre **surcharge pondérale** aura tôt fait de disparaître comme neige au soleil. Vous retrouverez un corps svelte, dont vous pourrez profiter – si vous en réchappez. »
Frédéric Beigbeder, *L'amour dure trois ans*, 1997.

Les formules administratives ou médicales font parfois souche dans le style soutenu, même en frôlant le ridicule. Ainsi préfère-t-on avouer une **SURCHARGE PONDÉRALE** plutôt que de se dire **OBÈSE** ou même **GROS**. Les mots ne manquent cependant pas, on peut avoir du charme et être **REPLET, ROND, VENTRIPOTENT, REBONDI**. En vérité, le caractère neutre de la formule médicale peut aussi se dire de soi en souriant. À Romain Rolland dans *Musiciens d'autrefois* de souligner simplement que Gluck était « **CORPULENT**, sans être obèse ».

C'est ainsi que diverses formules « politiquement correctes » séduisent malgré tout. Aux **CLOCHARDS** se substitue souvent la formule administrative **SDF**, les « sans domicile fixe », fausse puisqu'il s'agit de **SANS-ABRI** ou de **SANS-LOGIS**, mots plus adéquats même si on aimerait les savoir devenus inutiles.

« INTEMPÉRANCE »

« Toute **intempérance** est vicieuse, et surtout celle [l'excès de vin] qui nous ôte la plus noble de nos facultés. »
Jean-Jacques Rousseau, *Lettre à d'Alembert*, 1758.

« Qui n'est pas sobre », telle est la définition offerte par Littré en 1874 pour l'adjectif **INTEMPÉRANT**, après avoir rappelé qu'il s'agit de ce « qui ne se contient pas, qui n'est pas contenu », entendons qui manque de modération. Au même moment, l'Académie française signale pour le substantif l'**INTEMPÉRANCE DE LANGUE**, la « trop grande liberté qu'on se donne de parole », ou **DE PLUME**, le défaut de celui qui « s'accorde trop de liberté en écrivant ».

Bien que dans le style soutenu ces sens soient toujours en usage, évoquer l'**INTEMPÉRANCE** désigne prioritairement l'abus des plaisirs de la table et tout particulièrement un goût immodéré pour la « dive bouteille », selon la formule de Rabelais, autrement dit le vin. De fait, liberté excessive de l'expression, **GLOUTONNERIE** ou **IVROGNERIE** reflètent le même manque inquiétant de modération. Et d'affirmer avec Voltaire que « l'art de faire subsister ensemble l'intempérance et la santé est un art aussi chimérique que la pierre philosophale ».

L'INTEMPÉRANCE ET SES SUBTILITÉS

Deux mots sont souvent considérés comme synonymes : **IVRE** et **SOÛL**. Il faut cependant les distinguer à la façon de Guizot les comparant en 1848. Est *ivre,* écrit-il, l'homme « que le vin a privé de l'usage de la raison » et *soûl* celui « qui a bu autant de vin qu'il peut en boire ». Où réside la différence ? « Un homme *ivre* peut n'être pas *soûl*, c'est-à-dire qu'il peut n'être pas repu, rassasié de vin », mais « un homme *soûl* est presque toujours *ivre*, parce que l'estomac est souvent plus fort que la tête » ! Autre différence : « Un homme *ivre* chancelle ; un homme *soûl* tombe dans un coin pour y cuver son vin. » Ces deux mots diffèrent aussi au sens figuré : « *Ivre* se dit de ceux qui ont l'esprit troublé par les passions ; *soûl*, de ceux qui sont ennuyés, lassés d'une chose. » De fait, on est *ivre de gloire* grâce au plaisir procuré, mais être *soûl de gloire*, c'est en être rassasié. Décisif enfin : « L'homme peut être *ivre de bonheur*, mais il n'en est jamais *soûl.* »

Les synonymes du mot *ivre*, familiers ou vulgaires sont innombrables : *beurré, cuit, mûr, gris, noir, pinté, rond, plein, bourré, blindé, pompette*, parce qu'on a *pompé*, bu, *éméché*, les cheveux défaits par l'ivresse. S'y ajoutent des emprunts comme *schlass*, très fatigué en allemand. Et presque oublié, *être dans les brindes*, de grands vases à vin. Enfin, refusant d'être **ENIVRÉ**, un mot s'impose, du latin *sobrius* qui n'a pas bu : **SOBRE**.

« PUSILLANIME »

« Je hais ces cœurs **pusillanimes** qui, pour trop prévoir les suites des choses, n'osent rien entreprendre. »

Molière, *Les Fourberies de Scapin*, 1671.

« **PUSILLANIMITÉ**. C'est une bassesse d'âme. La pusillanimité est un vice opposé à la **MAGNINIMITÉ** » est-il déjà précisé dans notre tout premier dictionnaire monolingue, le *Dictionnaire françois* de Pierre Richelet publié en 1680.
Synonyme de **TIMORÉ, CRAINTIF** ou des qualificatifs déplaisants tels que **COUARD, LÂCHE, PLEUTRE**, l'adjectif « pusillanime » est d'étymologie explicite en latin : *pusillanimis* se décompose en effet à partir de *pusus*, petit garçon, *pusillus* signifiant « tout petit » et de *animus*, « âme, vie, esprit ».
D'usage littéraire, l'adjectif **PUSILLANIME** qualifie prioritairement une personne dépourvue de courage et fuyant ses responsabilités, mais aussi des comportements et des états. « N'éprouvez point, mon fils, d'effroi pusillanime », relève Littré dans *Charles IX* qu'André Chénier publie en 1790.
En 1690, Furetière affirme à juste titre qu'« un **PUSILLANIME** ne vaut rien pour un gouvernement ». De fait, les ministres et présidents ne sont généralement pas taxés de pusillanimité !

« (AF) FABULATEUR »

« Très longtemps, il fut considéré comme un menteur, un **affabulateur** puis comme le premier explorateur scientifique. »
Jean-Pierre Depétris, *En revenant à Bolgobol*, 2008.

AFFABULATEUR ou **FABULATEUR** ? **AFFABULATION** ou **FABULATION** ? Nos dictionnaires sont ici d'une grande variété d'attitudes. Dans l'actuel *Dictionnaire de l'Académie française* ne sont mentionnés que le fabulateur, la « personne qui, consciemment ou non, invente des histoires qu'elle présente comme vraies », et la *fabulation*, issue du bas latin *fabulatio*, « discours, conversation » ou « bavardages » en latin chrétien, définie comme le « fait d'inventer des histoires qu'on présente comme vraies ». S'y ajoute un sens relevant de la psychologie : la tendance à présenter « comme réels des faits, des récits imaginaires ». Dans le même temps, est rappelé dans *Le Grand Robert* que *l'affabulation* désignait naguère la moralité d'une fable, et aujourd'hui la trame d'une œuvre d'imagination, pendant qu'un exemple, « la prétendue victime était une *affabulatrice* », rapproche ce dernier mot de **MYTHOMANE**. L'exploration de nos différents référents lexicaux reflète ici en définitive le plus grand libéralisme lexical… ce qui est rare !

« ADMONESTATION »

« [Il] tâchera de sévir, mais trop tard, ses **admonestations**, ses menaces, ses réprimandes, achèvent d'indisposer contre lui les élèves. »

André Gide, *Les Faux-Monnayeurs*, 1925.

Au XIIe siècle, sans doute tiré du latin *admonere, monere*, avertir, est attesté, sans *s*, le verbe *admonéter*. Littré le signale en parallèle à la variante l'ayant remplacé, **ADMONESTER**, en soulignant qu'il s'agit d'un terme de jurisprudence. On l'utilisait en effet pour un particulier ayant commis une faute ne méritant pas une grande punition et que « le juge mandait pour lui faire une remontrance ». Ainsi Mme de Sévigné écrit-elle à sa fille que Mme de Dreux étant sortie hier de prison « fut admonestée ».

Au XIIIe siècle apparaît de manière isolée l'*amonestation*, mais c'est au XIXe que naît l'**ADMONESTATION, RÉPRIMANDE** accompagnée d'une menace de sanction, synonyme d'une **SEMONCE** – issue de *semondre*, du latin *submonere*, avertir secrètement. De même registre, la **MERCURIALE** tient son nom des assemblées de justice dénonçant les abus, tenues certains mercredis. Voilà qui a plus d'allure que le **SAVON** passé à quelqu'un, se référant au linge naguère lavé à coups de battoir !

« MORIGÉNER »

« La bonne mère devint une marâtre, elle **morigéna** ce pauvre enfant, elle le tracassa. »

Honoré de Balzac, *La Cousine Bette*, 1846.

Rechercher l'étymologie du verbe **MORIGÉNER** dans un dictionnaire a souvent pour seul résultat la mention du latin *morigeratus*, docile, suivie du latin médiéval, *morigenatus*, signifiant « bien élevé ». Ce n'est pas explicite pour comprendre le sens actuel : **RÉPRIMANDER, FAIRE DES REMONTRANCES, BLÂMER**, en adoptant en général une attitude moraliste. Relire Molière s'impose alors lorsque dans *Les Fourberies de Scapin,* Géronte dit à Argante : « Que si vous aviez, en brave père, bien morigéné votre fils, il ne vous aurait pas joué le tour qu'il vous a fait. » De fait, pour l'Académie en 1694, morigéner c'est « instruire aux bonnes mœurs » et « avoir les mœurs bien morigénées » : « être bien élevé ». L'éducation passant naguère, hélas, par le fait de **CORRIGER, TANCER**, le verbe prit au XVIIIe siècle ce sens fâcheux. Au reste, **SERMONNER, CHAPITRER**, renvoyant au sermon et au chapitre religieux, relèvent d'une même évolution négative. Faut-il y percevoir une tendance de la nature humaine à la répression ?

« URBI ET ORBI »

« Le jour de Pâques a été aussi un beau jour [...] ; nous l'avons passé à Rome, où nous avons reçu la bénédiction **urbi et orbi**. »
George Sand, *Correspondance*, 1855.

Les formules latines ne manquent pas ayant pour origine tantôt le christianisme dont le latin fut la langue privilégiée, tantôt l'histoire romaine. Et personne n'ignore que, depuis plus d'un siècle, les pages roses du *Petit Larousse* en offrent le relevé…
Ainsi du latin *urbi*, déclinaison de *urbs*, la ville, et *orbi, orbis*, cercle, mais aussi Univers, est née l'expression **URBI ET ORBI**, signifiant littéralement « à la ville, et dans tout l'Univers ».
Synonyme soutenu de **PARTOUT, EN TOUT LIEU, DE TOUS CÔTÉS**, l'expression entre en langue française au XIXe siècle, reconnue en tant que formule liturgique du pape adressée à l'ensemble des catholiques du monde entier, au moment de sa bénédiction solennelle à Rome depuis le balcon de la basilique Saint-Pierre. Balzac fut l'un des premiers à populariser la formule avec *L'Illustre Gaudissart*, en évoquant « des Commis-Voyageurs chargés de présenter avec adresse, *urbi et orbi*, à Paris et en province le lard grillé des Annonces… » Ainsi la formule devenait-elle tantôt solennelle, tantôt plaisante.

« AD HOC »

« Au commencement du printemps, le poisson quitte le Rhône pour les marais, afin d'y déposer son frai… on le pêche aussi dans les fossés et les mares creusées **ad hoc**, appelées pesquiers, où il se retire à mesure que l'eau lui manque. »

Mémoire sur la Camargue, 1826.

Cette locution, construite à partir de la préposition *ad*, pour, et *hoc*, cela, littéralement « pour cela », a pris son élan dans le vocabulaire juridique. Elle est citée en 1765 dans l'*Encyclopédie*, à propos d'un tuteur **AD HOC**, nommé tout spécialement pour une affaire donnée. On peut ainsi lire dans le code civil que si des intérêts « sont en opposition avec ceux du mineur, il doit faire nommer un administrateur ad hoc par le juge des tutelles ».

D'abord d'usage administratif, la formule devint par extension synonyme de **À CET EFFET, ADAPTÉ**, et dès 1890 s'agissant du matériel naval, on évoque par exemple un « canon ad hoc » pour lancer d'énormes boulets. En 1934, dans *Capitaine Conan*, Roger Vercel se montre facétieux : « Qu'est-ce que ça veut dire, *ad hoc*, mon adjudant ? – En bois… Une boîte ad hoc. C'est une boîte en bois… » On espère qu'elle n'a pas contenu du *haddock*, ce poisson si bon quand il est fumé. Dans un hangar ad hoc…

LAPSUS CALAMI OU LINGUAE

« Un **lapsus**… peut revêtir mille formes différentes ; je puis prononcer à la place du mot juste, mille mots inappropriés, imprimer au mot juste mille déformations. »
Freud, *Introduction à la psychanalyse*, 1923.

Cité dans le *Trésor de la langue française* achevé en 1994, Courteline nous offre un bel exemple de lapsus dans *Le Train de 8 h 47* publié en 1888 : « Nous sommes foudroyés dit-il. Il voulait dire *fourvoyés*, mais c'était là un **LAPSUS** léger et que rendaient excusable d'ailleurs ces circonstances exceptionnelles. »
Qui de fait n'a jamais trébuché sur un terme, une phrase ? Trébucher… c'est au reste l'origine du mot latin *lapsus*, désignant une glissade, le fait de buter et, par extension, une erreur. Aussi, dès ses premiers emplois, le mot est-il associé au langage.
Il est attesté en langue française sous une forme composée en 1630, en tant que **LAPSUS CALAMI**, c'est-à-dire commis en écrivant, en référence au roseau, *calamus*, le calame. Au *lapsus calami* fait pendant le **LAPSUS LINGUAE**, qui se produit en parlant. Il s'illustre dans une expression imagée, **AVOIR LA LANGUE QUI FOURCHE** : attendre ma *démission* quand je veux dire ma *décision*… Fâcheux lapsus !

“

UNE ERREUR AUX INNOMBRABLES FACETTES

Le **LAPSUS CALAMI** – également dit **LAPSUS SCRIPTAE** – et le **LAPSUS LINGUAE**, pouvant être définis de manière imagée comme des faux pas commis en écrivant ou en parlant, sont d'un usage bien ancré dans le vocabulaire soutenu. De fait, dès la fin du XIXe siècle, ce type d'erreur a attiré nombre de spécialistes intéressés par l'aspect révélateur que pourrait représenter un lapsus. Pour Freud, il est une manifestation de l'inconscient déjouant les barrières du « surmoi ». On le rapproche alors volontiers de l'**ACTE MANQUÉ** : par exemple, oublier un rendez-vous pris avec quelqu'un qui nous déplaît.
Par extension, sont nées dans ce sillage des formules sérieuses ou plaisantes renouvelant et précisant ce que peut être un lapsus. On signale ainsi le **LAPSUS MEMORIAE**, ou **DE MÉMOIRE**, ne plus se rappeler le nom d'un ami, le **LAPSUS MANUS**, ou **GESTUEL**, avec un geste inadéquat et, depuis l'ère des claviers, le **LAPSUS CLAVIS**. Quant au **LAPSUS LECTIONIS**, c'est la hantise du journaliste se trompant de mot en lisant un texte…
De fait, chaque fois que je relève un lapsus chez une personnalité, je ne peux m'empêcher de penser à Charles Régismanset affirmant en 1939, dans les *Nouvelles contradictions*, que « c'est toujours l'élève le plus crétin de la classe qui relève le lapsus du professeur ».

IN FINE

« Très nombreuses dans la cellule, [les enzymes] communiquent aux réactions un haut degré de rapidité et de précision, tout en se retrouvant, **in fine**, sans altération. »
Histoire générale des sciences, Tome 3, 1964.

L'usage d'une formule latine, quand existent d'autres mots pour exprimer le même concept, offre toujours un caractère soit plus savant, officiel, soit plaisant selon le ton adopté oralement ou le style du texte proposé. Ainsi, lorsque dans sa correspondance avec André Gide, Paul Valéry précise en 1899 qu'« il y aura une longue note explicative in fine » ajoutant qu'il parlera « de tout cela demain avec l'aimable auteur d'Astarté », point d'allusion ironique dans l'usage de l'adverbe latin. À dire vrai, on est même en présence d'une première attestation de la formule latine.
De fait, cette locution synonyme de **À LA FIN** est ici utilisée dans son contexte le plus précis, correspondant surtout à des notes, ou aux lignes finales d'un chapitre, d'un livre.
Par extension, *in fine* a pris aussi dans le registre soutenu ou humoristique le sens de **FINALEMENT, EN FIN DE COMPTE, TOUT COMPTE FAIT**. In fine, je n'ajouterai pas de notes…

« HIC ET NUNC »

« Il n'y avait rien de mal à recevoir de l'argent de madame Dulauron […] pourvu qu'on le dépensât **hic et nunc** et qu'on ne thésaurisât pas. Hic et nunc est une façon de parler que Grenoble devait à son parlement. »

Stendhal, *Vie de Henry Brulard*, 1836.

L'usage de cette locution latine se traduisant littéralement par **ICI** (*hic,* en latin) **ET MAINTENANT** (*et nunc*), relève d'un registre juridique ou littéraire. Utilisée en tant qu'adverbe, ladite formule s'est installée en français au XIXe siècle, Balzac étant parmi les premiers à en faire usage, suivi par Jules Verne : « C'est encourir une assez grande responsabilité que de vous répondre **HIC ET NUNC**. Cela demande réflexion », s'exclame Mac Nabbs en 1868 dans *Les Enfants du capitaine Grant*.

Dès le XXe siècle, les philosophes n'hésitent plus à substantiver la locution : « L'ailleurs et le jadis sont plus forts que le hic et nunc », affirme Bachelard en 1957 dans la *Poétique de l'espace*. **EX ABRUPTO**, bien que s'installant aussi dans le présent, se distingue en qualifiant une manière brusque, abrupte, **SANS PRÉAMBULE** ou encore **SANS PRÉPARATION**. Hic et nunc et ex abrupto, Rodrigue fit sa déclaration.

ARÉOPAGE

« J'ai consulté les hommes qui, par état, sont investis de plus de confiance individuelle ; je les ai réunis en comité, en tribunal, en sénat, en sanhédrin, en **aréopage**, et nous avons rendu la décision suivante : *La truffe n'est point un aphrodisiaque...* »

Brillat-Savarin, *Physiologie du goût*, 1825.

La colline d'Arès, tel est le nom à retenir, correspondant au lieu où siégeait selon la légende le tribunal d'Athènes. *Arès* étant le nom grec du dieu Mars, *pagos* désignant une colline, c'est en associant les deux que fut composé le mot *Aréopagos*, à l'origine de l'**ARÉOPAGE**, en rien lié à la racine *aero-*, air !

Le tribunal d'Athènes prit donc le nom de la colline où il était installé, sens repris en français au XVe siècle, puis étendu ironiquement au XVIIIe siècle à une assemblée de personnes importantes, mais aussi parfois à tout groupe d'individus incompétents : « J'avais consulté cet aréopage de vieilles femmes et elles m'avaient accordé leur imprimatur », écrit ainsi Mérimée, en 1844, dans une lettre adressée à la comtesse de Montijo. On laissera aux auteurs de mots croisés, les verbicrucistes, le dernier mot avec une définition propre à faire deviner l'aréopage : « Rencontre au sommet. » De la colline d'Arès, bien sûr.

« LUDIQUE »

« Claparède voit dans le jeu une libre poursuite de buts fictifs. Tel est le caractère propre de l'activité **ludique**. »
Félicien Challaye, *Psychologie de l'enfant*, 1943.

L'adjectif **LUDIQUE** est récent, n'étant attesté qu'en 1910 en tant que dérivé du latin *ludus*, jeu. Utilisé comme adjectif du mot « jeu », il a bénéficié de multiples définitions qui vont des plus simples, à la façon du *Dictionnaire de l'Académie française*, « Qui a rapport au jeu », jusqu'aux plus étouffantes comme celle du *Trésor de la langue française*, achevé en 1994 : « Ludique. Qui concerne le jeu en tant que secteur d'activité dont la motivation n'est pas l'action efficace sur la réalité, mais la libre expression des tendances instinctives, sans aucun contrôle d'efficacité pragmatique. » Un record de longueur !
Pareille définition témoigne en vérité du fait que ce mot est né en philosophie avec la « théorie ludique du mensonge des enfants », assimilant les écarts de leur imagination à leur tendance à jouer. On préférera la **LUDOTHÈQUE**, où se prêtent les jouets, ou encore le **LUDICIEL**, logiciel destiné à des jeux. Admettons-le : point de jeu possible sur le mot *jeu : jeuique, jeuciel* seraient monstrueux !

« MISCELLANÉES »

« M. Villemain aussi a, depuis peu, redoublé de mélanges littéraires, et il a prodigué ses **miscellanées** brillantes. »
Sainte-Beuve, *Causeries du lundi*, 1862.

Attestées au pluriel dès 1578, les **MISCELLANÉES**, recueils d'écrits divers, littéraires ou scientifiques, tiennent leur nom du latin *missellanea*, choses mêlées. Ce genre défini en 1762 dans le *Dictionnaire de l'Académie française* peut en effet réunir des développements n'ayant « quelquefois aucun rapport entre eux ».
À Étienne de Jouy de l'illustrer en 1812 dans *L'Hermite de la chaussée d'Antin* : « J'ai pris l'habitude de faire tous les soirs le relevé de mes tablettes sur de petits carrés de papier […]. Je jette pêle-mêle dans un carton toutes ces bribes, dont je me sers ensuite pour composer mes articles hebdomadaires. Pressé par le temps […] je vais aujourd'hui puiser au hasard dans ces miscellanées. »
Si ce mot reprend vigueur au XXIe siècle, en revanche les **SILVES** et **SPICILÈGES**, rassemblant divers poèmes légers, ou les **ANALECTES**, fragments choisis de divers auteurs, sont sortis de l'usage. Les **VARIA** restent néanmoins très présentes dans le cadre des revues scientifiques. Quoi qu'il en soit, ne jetez pas vos notes, matières à d'éventuelles futures miscellanées !

"

DIVERS TYPES DE RECUEILS…

Évoquer un « best of », au-delà de l'usage lassant des anglicismes, témoigne d'une grande pauvreté de vocabulaire, alors que des mots éminemment fleuris sont à notre disposition.

Ainsi en est-il du **FLORILÈGE**, mot attesté en 1697, construit à partir du latin *floris*, fleur, et du verbe *legere*, choisir. Au XIXe siècle, un florilège désignait prioritairement un recueil de poèmes, ainsi que quelques ouvrages présentant des plantes d'une grande beauté. Par extension, au XXe siècle, un florilège peut non seulement rassembler des morceaux choisis de quelque genre que ce soit, mais il peut aussi dans l'usage être musical. En 2009, Sylvain Tesson, dans *Une vie à coucher dehors*, évoque même un « florilège de gens ». Alors, arrière le mot anglais !

Existe aussi l'**ANTHOLOGIE** qui au sens propre, issue du grec *anthos*, fleur, a d'abord désigné un choix, une **COLLECTION** de fleurs, puis un recueil de poèmes, de textes choisis. L'extension est aussi de mise avec, par exemple, une anthologie du cinéma.

Quant à la **CHRESTOMATHIE**, du grec *khrêstos*, utile, et *manthanein*, apprendre, il s'agit, certes, d'un recueil de morceaux choisis, mais le plus souvent à vocation pédagogique, fréquemment associé à une langue : une chrestomathie grecque.

Enfin, restent **LES PERLES**… recueil de bévues, anthologie de sottises. On ne peut pas toujours être sérieux.

« LOGORRHÉE »

« La parole émancipe. [...] Dans certains cas, c'est le contraire. Il y a des gens qui vous envahissent avec leur **logorrhée** : on a la pénible impression d'être prisonnière de leurs mots. »
Amélie Nothomb, *Mercure*, 1998.

« Que de **BAVARDAGES**, que de **PAROLES CREUSES**… » s'exclame en 1942 Faral dans *La Vie quotidienne au temps de Saint Louis*, « Ils babillent comme des étourneaux en cage, sans souci de ce qu'ils disent », poursuit-il. À sa façon, il décrit une forme de **LOGORRHÉE**, se définissant ironiquement comme un intarissable bavardage, oiseux, vain, ou, plus gravement en psychiatrie, comme un besoin maladif, irrépressible de parler.

Le mot *logorrhée*, attesté en 1823, est d'étymologie inélégante, *logo*, la parole en grec, et *-rhée*, couler, assimilant la logorrhée à une « diarrhée verbale », un « écoulement désordonné » de la parole, dira mieux Edmond Monnier en 1946. Qualifier tel ou tel de **LOGORRHÉIQUE**, d'**INCONTINENT VERBAL** reste difficile. Quant à la **VERBIGÉRATION**, un discours incohérent avec altération des mots, elle relève de la psychiatrie et appelle la compassion. En revanche, fuyons le **VERBALISME**, l'usage des mots au détriment des idées…

DISERT

« Jean [...] se sentait si bredouillant devant cet homme si **disert** qu'il en éprouvait une sorte de honte. »

Marcel Proust, *Jean Santeuil*, 1952.

On goûte assurément la compagnie d'une personne **DISERTE**, c'est-à-dire s'exprimant avec aisance, élégance et abondance. Issu directement du latin *disertus*, « qui est exposé clairement », mais aussi « habile à s'exprimer », l'adjectif caractérise dès 1321 toute personne ayant cette aisance et cette élégance verbale qui plaisent. Pareilles qualités se distinguent cependant d'une autre aptitude, celle d'un **ORATEUR** se montrant **ÉLOQUENT**, mot issu du latin, *eloquens* de même sens qu'aujourd'hui.

En 1858, le synonymiste Lafaye établissait ainsi la différence entre ces deux qualités propres à l'art estimé de la parole : « L'homme disert instruit et plaît par la facilité et par l'élégance de sa parole, mais il n'émeut pas ; l'homme éloquent produit un plus puissant effet ; il persuade ; il s'empare des esprits et les maîtrise. » « **BIEN DISANT** », tel est d'ailleurs l'homme disert défini par l'Académie française en 1694, tout en rappelant un adverbe aujourd'hui sorti de l'usage, **DISERTEMENT.** Adverbe inutile pour le **TACITURNE,** par nature silencieux !

“ LACONIQUE ”

« Depuis le départ, ils l'avaient abruti de télégrammes, lui, le Breton **laconique** qui devait toujours s'arracher les mots de la gorge. »
Roger Vercel, *Remorques*, 1935.

La Laconie représente une contrée de l'ancienne Grèce dans le Péloponnèse dont les habitants avaient la réputation de se montrer **BREFS** et **CONCIS** dans leurs propos, exprimés donc en peu de mots ; cette manière d'être fut a posteriori qualifiée de **LACONIQUE**. L'adjectif, attesté en français en 1529 pour évoquer une personne au style **LAPIDAIRE**, a aussi défini une lettre, une réponse : « Au-dessous de son nom, elle écrivit un mot : Revenez ! Ce post-scriptum laconique résumait la pensée tout entière de la lettre et en atténuait la sécheresse », lit-on ainsi en 1859 chez Ponson du Terrail dans *Les Exploits de Rocambole*.

Le comble du **LACONISME** par écrit est illustré par une anecdote reprise par Pierre Larousse. On prétendait en effet que Victor Hugo écrivant à son éditeur pour connaître le succès des *Misérables* qui venait de paraître s'était contenté d'envoyer un mot ne contenant qu'un point d'interrogation. Ce à quoi l'éditeur avait répondu sans délai par un point d'exclamation !

SUCCÉDANÉ

« La confidence n'est parfois qu'un **succédané** laïque de la confession. »
Jules Romains, *Les Hommes de bonne volonté*, t. V, 1937.

Construit à partir du latin *succedaneus*, qui remplace, dérivé de *succedere*, venir à la place de, le mot **SUCCÉDANÉ** naît dans l'univers de la pharmacopée au XVIIe siècle pour désigner une substance médicamenteuse pouvant se substituer à une autre en produisant des effets analogues. C'est ainsi que Jules Verne, en 1874 dans *L'Île mystérieuse*, fait dire à un de ses personnages que l'écorce de saule fut naguère « un succédané du quinquina ».
Par extension, au début du XIXe siècle, le mot a désigné tout **PRODUIT DE REMPLACEMENT, DE SUBSTITUTION** notamment dans le domaine alimentaire, ce qui s'illustra pendant la Seconde Guerre mondiale où furent notamment fabriqués, compte tenu de la pénurie, des succédanés de café. Tout comme existent aujourd'hui, pour maigrir, des succédanés du sucre.
Au sens figuré, est un succédané tout ce qui peut remplacer quelque chose d'insuffisant. « La confidence n'est parfois qu'un succédané laïque de la confession », affirme Jules Romains en 1932 dans *Les Hommes de bonne volonté*.

PANACÉE

« À entendre le débit charlatanesque de ce marchand d'orviétan et de **panacées** merveilleuses, un frisson de peur traversa de son froid madame Gervaisais.

Edmond et Jules de Goncourt, *Madame Gervaisais*, 1869.

Le serment d'Hippocrate prononcé par les futurs médecins les faisait à l'origine jurer par les déesses Hygie et Panacée, filles d'Esculape, qu'ils accompliraient fidèlement tous leurs devoirs.

Dans la mythologie grecque, tout comme la déesse Hygie tient son nom du mot *hugieinon*, la santé et la propreté, donc l'hygiène, Panacée, procurant aux hommes force remèdes, devait son appellation aux racines grecques *pan*, tout, et *akos*, remède. D'où la **PANACÉE** désignant dès le XIIIe siècle toutes sortes de **REMÈDES MIRACLES** à partir notamment des plantes.

On usa aussi des mots **THÉRIAQUE**, antidote miracle contre la morsure des serpents, et **CATHOLICON**, remède purgatif jadis supposé universel, tout comme existaient des **MARCHANDS D'ORVIÉTAN**, vite assimilés à des charlatans, ainsi appelés parce que leur drogue venait d'Orvieto en Italie.

Au sens figuré, la **PANACÉE** devint dans le même temps synonyme ironique de **REMÈDE UNIVERSEL** et de **SOLUTION MIRACLE.**

“

LES NOMBREUSES APPLICATIONS DE LA PANACÉE

Même si l’étymologie est ici sans fondement, le propos de Jules Michelet au début de son *Histoire de France* donne une juste mesure de ce que représente tout d’abord une **PANACÉE**, lorsqu’il déclare que pour le peuple celte, « le remède universel, la panacée, comme l’appelaient les druides, c’était le fameux gui. Ils le croyaient semé sur le chêne par une main divine, et trouvaient dans l’union de leur arbre sacré avec la verdure éternelle du gui un vivant symbole du dogme de l’immortalité ».
Très critiquée à juste titre, comme un pléonasme, la « panacée universelle », avec son adjectif malvenu, se retrouve chez Balzac dont le mérite reste néanmoins de montrer l’usage très étendu du mot. Ainsi en 1831, dans *Maître Cornélius*, à Balzac d’écrire : « Ceux qui se mêlaient d’alchimie disaient que maître Cornélius savait faire de l’or. Les savants prétendaient qu’il avait trouvé la panacée universelle. »
C’est plus joliment qu’au XVIe siècle Ronsard, usant de la métaphore filée, appliquait le mot aux sentiments amoureux : « Tu es ma panacée, à toi je viens ici, /Pour guérir de ma plaie… »
On laissera à Gambetta le privilège de dire vrai dans son *Discours du Havre*, prononcé le 18 avril 1872 : « Il n’y a pas […] de panacée sociale, il y a tous les jours un progrès à faire, mais non pas de solution immédiate, définitive et complète. »

« FANTASME, PHANTASME »

« Chacun contient en lui des galaxies de rêves et de **fantasmes**, des élans inassouvis de désirs et d'amours… »

Edgar Morin, *Les Sept Savoirs nécessaires à l'éducation…*, 1999.

En 1874, pour Littré, seul le mot **PHANTASME** existe. Dans le *Trésor de la langue française* achevé en 1994, **PHANTASME** renvoie à **FANTASME**. « *Fantasme* ou (vieilli) *phantasme* », est-il signalé dans *Le Grand Robert*. « *Phantasme*. Autre graphie de *Fantasme*, utilisée particulièrement en pathologie et en psychologie », précise-t-on dans le *Dictionnaire de l'Académie française*. On s'en tiendra à cette dernière remarque.

Cette orthographe aléatoire relève de l'histoire du mot issu du grec *phantasma*, désignant une apparition, une vision, mot repris en latin à l'identique. Lorsqu'il est attesté en français en 1190, le *fantasme* désigne une illusion et il s'insérera dans la série de même orientation, *fantôme, fantastique, fantaisie*. Au XIXe siècle, la psychologie aidant, l'orthographe étymologique est en vogue opposant parfois le *fantasme* en tant que scénario imaginaire au *phantasme* relevant de l'inconscient. De l'**IMAGE HALLUCINATOIRE** avancée en 1832 aux **FANTASMES ÉROTIQUES** ou **SEXUELS**, la palette des usages est large !

CHIMÈRE

« Quelles **chimères** ne tombent point dans l'esprit des hommes pendant qu'ils dorment ! »

La Bruyère, *Les Caractères*, 1687.

D'un côté un monstre fabuleux, de l'autre une grande **ILLUSION**… La **CHIMÈRE** incarne d'abord une créature fantastique malfaisante de la mythologie grecque, dotée d'une tête de lion crachant des flammes, d'une queue de serpent et d'un corps de chèvre. Le grec ancien *kimairia*, « une chèvre ayant passé un hiver », serait d'ailleurs l'origine étymologique du mot.

La Chimère, tuée par Bellérophon chevauchant le cheval ailé Pégase, a de fait par analogie désigné toute créature fantastique, constituée des parties de différents animaux, représentée dans des peintures ou sculptures, et dans ce sillage les gargouilles servant de dégorgeoirs aux gouttières des églises gothiques.

Ensuite, attesté en 1538, vint le sens figuré correspondant à une création imaginaire, proche d'une **UTOPIE**, d'une **VAINE IMAGINATION**, d'un **FANTASME**. Et c'est ainsi qu'on **ENFOURCHE** ou qu'on **CARESSE UNE CHIMÈRE**. Vouloir au Moyen Âge bâtir des **CHÂTEAUX EN ESPAGNE**, c'était être **CHIMÉRIQUE**. Ce n'était pas autorisé.

AMPHITRYON

« S'il est un rôle noble et bien digne, un agréable emploi dans le cours de la vie, c'est celui d'un mortel qui fait en sa maison les honneurs de la table en digne **Amphitryon**. »
Joseph Berchoux, *La Gastronomie*, 1819.

Être deux personnes à la fois est exténuant : c'est l'origine étymologique du nom grec **AMPHITRYON**, construit à partir du radical *amphi*, des deux côtés, et *truô*, épuiser. Amphitryon signifiait donc « doublement exténuant ». À dire vrai, pour épouser Alcmène, fille du roi de Mycènes, le prince thébain Amphitryon a dû consentir d'immenses efforts pour finalement découvrir que son épouse avait passé la nuit avec Jupiter, lequel avait sans vergogne emprunté sa forme humaine.

Comment Amphitryon devient-il synonyme de **PUISSANCE INVITANTE, HÔTE** ? Aux jésuites de Trévoux de le préciser en 1752 : « C'est Molière qui sans y penser a été l'auteur de ce mot » avec Sosie signalant que le véritable Amphitryon des deux de la pièce était « celui chez qui l'on dîne » faisant « dire depuis [...] c'est Monsieur un tel qui est l'Amphitryon, pour dire que c'est lui qui traite ou qui paye. » Et le féminin ? On le doit en 1874 à Barbey d'Aurevilly imaginant des **AMPHITRYONNES**.

L'AMPHITRYON À BIEN DES SAUCES...

Par nature, riche d'une filiation mythologique et gravitant en général dans un contexte gastronomique, l'**AMPHITRYON** est de par sa double dimension, légendaire et festive, très apprécié.
Ainsi, certes d'usage rare et ironique, est né le verbe, **AMPHITRYONNER.**
Paul Léautaud, jouant de l'évocation du véritable Amphitryon et de son usurpateur, Jupiter, n'hésite pas à signaler en 1943, dans le *Théâtre de Maurice Boissard*, que « comme Jupiter trompa Amphitryon », il avait autour de lui « à l'orchestre quelques ménages littéraires dont les maris ont été amphitryonnés autant que le mari d'Alcmène ». Quant à Barbey d'Aurevilly, il est sans doute en 1837, dans son *Premier mémorandum*, le premier à créer ce verbe : « Hier, 22 janvier, l'anniversaire de la naissance de lord Byron, dîné avec G. Guérin et Scudo. J'amphitryonnais. » Entendons qu'il invitait à déjeuner.
Enfin, que peut être un amphitryon ? Pierre Larousse, en 1863, nous offre un relevé impressionnant des épithètes possibles : « Amphitryon civil, digne, aimable, affable, agréable, gracieux, gai, joyeux, spirituel, soigneux, attentif, délicat, expert, habile, somptueux, libéral, magnifique, prodigue, économe, chiche, avare, incivil, maussade, grossier, chagrin, fâcheux, caustique... » À vous de choisir en quittant votre amphitryon. Le cumul des adjectifs est possible.

« CONVIVE »

« Attendre trop longtemps un **convive** retardataire est un manque d'égards pour tous ceux qui sont présents. »

Anthelme Brillat-Savarin, *Physiologie du goût*, 1825.

D'une part l'amphitryon qui accueille, de l'autre les **INVITÉS**, les **CONVIVES**, reçus et participant au repas. Il est presque naturel d'associer dans le même contexte l'invitant aux invités : « Portant aux nues l'amphitryon, les convives, bras dessus, bras dessous, s'élancèrent à la débandade hors de la maison », écrit Villiers de L'Isle-Adam, en 1883 dans ses *Contes cruels*.

Emprunté au latin *convivus*, construit à partir de *vivere*, vivre, et du préfixe *con-* marquant la simultanéité, *convive* s'installe en français au XVIIe siècle pour désigner « celuy qui est invité à un même repas qu'un autre, qui mange, se réjouit avec lui », précise Furetière en 1690. De même cadre **CONVIVIAL**, depuis 1418 existe le **COMMENSAL**, désignant la personne mangeant à la même table, également synonyme d'un **HÔTE**, de sens double, personne tantôt accueillant tantôt reçue. Aux invités revenus chez eux de remercier, avec un petit mot : la **LETTRE DE CHÂTEAU** ! À moins d'avoir été un **ÉCORNIFLEUR** vous étant mêlé incognito au milieu des invités. Très déconseillé.

PAYER SON ÉCOT

« Trop fier pour vivre en parasite... il refusait dédaigneusement des parties de plaisir où il ne pouvait **payer son écot**... »
Alfred de Musset, *Deux maîtresses*, 1860.

Dans son *Dictionnaire universel* publié en 1690, Furetière ne manque pas de définir l'**ÉCOT**, mot attesté en français dès 1176 : « Ce que chacun paye pour sa part d'un repas qu'il fait en commun. » Et d'ajouter un commentaire presque moral : « Pour vivre en liberté au cabaret, à l'hostellerie, il faut que chacun **PAYE SON ÉCOT** », suivi d'une remarque de bon sens : « Il faut compter & payer son écot. » Peut alors commencer la célèbre saynète de l'humoriste Muriel Robin consacrée à l'addition...
Contrairement à bien des mots liés à la restauration, l'« écot » n'est pas d'origine latine mais germanique, issu de l'ancien bas allemand *scot*, désignant une contribution, un impôt. Il s'agit en somme d'une **QUOTE-PART**, de la répartition d'une somme à payer, ce dernier mot étant issu du latin *quota-pars* passé par l'anglais, le latin *quota* signifiant « quelle quantité ? ».
Au sens figuré, *payer son écot* revient à apporter sa contribution à quelque chose : « C'est en louanges qu'il doit payer son écot », écrit Sainte-Beuve en 1860 à propos d'un critique.

LAPALISSADE

AGAPE

ACADÉMIE

ADONIS

CALLIPYGE

POSTPRENDIAL

ABSTÈME

COMMENSAL

SYBARITE

POUR REHAUSSER
NOS DISCOURS ET NOS CONVERSATIONS…

… EN ÉTANT AMUSANT…

« Et la marquise bavarde ; les jolis riens jaillissent, les mots amusants pétillent. »
Émile Faguet, *XVIIe siècle, Études littéraires*, 1887.

« Eh bien ! Je crois cela un livre très bien fait et amusant. Reste à savoir en quoi consiste l'élément amusant. Pour moi, c'est ce qui m'amuse. »
Gustave Flaubert, *Correspondance*, 1873.

« Lui, il l'aimait la conversation et d'une façon presque inquiète, il l'aimait amusante et surtout rassurante et bien sensée. »
Louis-Ferdinand Céline, *Voyage au bout de la nuit*, 1932.

« Amuser, c'est s'occuper légèrement l'esprit, de manière qu'on ne sente pas le poids du temps ou du travail [...]. Avec des contes on vous amuse : avec des fêtes on vous divertit. Des lectures nous amusent ; des danses nous divertissent. »
François Guizot, *Dictionnaire de synonymes*, 1848.

ACADÉMIE

« Langibout s'arrêtait étonné et souriant d'un détail exagéré ou forcé dans une **académie** bien dessinée. »
Edmond et Jules de Goncourt, *Manette Salomon*, 1867.

En 1762, le *Dictionnaire de l'Académie française* accueillait un nouveau sens pour le mot **ACADÉMIE**, sans majuscule à l'initiale : « en termes de peinture [...] une figure entière dessinée d'après le modèle qui est un homme nu ». Dans la neuvième édition, au-delà de l'évocation d'« un modèle nu » ne se limitant plus à un homme, s'y ajoutera une acception familière : « Forme du corps nu » assortie d'un exemple issu de l'usage courant : « Elle a une **BELLE ACADÉMIE**. » L'origine même du mot « académie » est très connue. « Ce mot vient d'Académus, personnage de l'âge héroïque » rappelle ainsi Littré. En révélant où était détenue Hélène, Akadêmos put garder intacts sa maison et son parc, qui porta son nom. En -367 Platon y fonda son école l'*Akadêmia*, mot repris en latin puis en italien, entrant en français en 1535. De là, tous les sens savants du mot « académie », de la compagnie de gens de lettres, de savants, à la division administrative, en passant par l'Académie des beaux-arts et ses **NUS**, servant d'étude. En principe de beaux corps...

“

L'ACADÉMIE : DE L'ANATOMIE AU BILLARD

Si le mot **ACADÉMIE** inspire d'emblée un respect certain, en partant de sa définition au sein même de l'édition du *Dictionnaire de l'Académie française* publié en 1694 : « Une assemblée de quelques personnes qui font profession des belles lettres, des sciences, ou des beaux-arts », il a aussi désigné des réalités moins éloquentes comme en témoigne « une belle académie », une belle **ANATOMIE**. Au point même parfois de faire sourire. Par exemple, Flaubert offrant dans sa *Correspondance* en 1849 cette description désopilante : « On peut ici satisfaire son goût pour l'académie humaine. Quantité de messieurs marchent complètement nus, ce qui fait détourner les yeux des Anglaises. »
Dès 1630, on appela aussi académies, par abréviation d'*académies des jeux*, des tripots, d'où des formules telles que *perdre son argent à l'académie, hanter les ascadémies*… Viendront plus tard les *académies de billard*. Puis, attesté en 1671 dans une lettre de Madame de Sévigné, l'académie deviendra aussi un lieu où les nobles apprenaient l'équitation. Ainsi, le mot « académie » n'est-il jamais anodin, corps constitué ou nu, assemblée prestigieuse ou lieu de réunion et de plaisirs parfois contestables. Quelle définition donnent les auteurs de mots croisés pour nous faire deviner le mot *académie* : « Nu ou, parfois, richement habillée. » Avec un habit vert notamment.

ADONIS

« Et puis qu'est-ce que deviendrait la repopulation, s'il fallait condamner au célibat tous ceux qui ne sont pas des **adonis** ? »
André Gide, *Les Faux-Monnayeurs*, 1925.

D'étymologie mal cernée, relevant du grec *hêdonê*, plaisir, jouissance, ou bien de *adon*, rossignol, **ADONIS** est le nom d'une divinité de la mythologie, un jeune homme célèbre pour sa remarquable beauté, qui fut aimé par Aphrodite, Vénus.
Lorsque le mot entre en français en 1615, souvent au féminin, il désigne une fleur rouge, que la légende rattache à Vénus ayant fait pousser une fleur là où avait coulé le sang d'Adonis, tué à la chasse. Sujet privilégié de sculpture, il faudra attendre 1715 pour qu'**ADONIS** ne soit dans le bel usage qu'un très bel homme, mais aussi ironiquement, « un jeune homme qui fait le beau et qui est très soigneux dans sa parure », selon la définition de Littré.
En 1842, était attesté **APOLLON**, dieu grec également très beau, mais avec une certaine insistance contemporaine sur sa musculature, pendant que l'**ÉPHÈBE**, mot issu du grec, définit un jeune homme dont le charme n'est pas sans équivoque. « Il se prend pour un Adonis », donne plaisamment en exemple l'Académie en 1932. Ne peut-on donc jamais rêver ?

CALLIPYGE

« Il y eut à Syracuse deux femmes aux belles fesses ou **callipyges.** Ces deux femmes, devenues riches, firent élever un temple à Vénus. »
Athénée de Naucratis, *Le Banquet des savants*, IIIe siècle.

Colette, sensible aux belles anatomies, rappelle en 1938 dans *La Jumelle noire* que l'adjectif *callipyge* peut qualifier les femmes comme les hommes, affirmant que « les danseurs sont sûrs d'eux-mêmes, vigoureux, **CALLIPYGES** », entendons pourvus de très belles fesses. Il est vrai cependant que tout amateur d'art connaît prioritairement la « Vénus callipyge », une statue grecque du musée de Naples, représentant Aphrodite soulevant élégamment son péplos pour mieux voir se refléter dans l'eau la partie ainsi découverte de sa séduisante plastique : des fesses parfaites.

Au reste, point d'équivoque dans la formation du mot grec construit à partir du radical *kallos*, beauté, et *puge, pyge*, fesse, le mot français « callipyge » étant d'ailleurs attesté en 1794 à propos de la « Vénus callipyge ». Adjectif ou substantif en principe valorisant, hélas par déplaisante extension, on qualifia aussi de callipyges les développements fessiers par trop imposants ne se prêtant guère alors à l'expression artistique.

« COMMENSAL »

« Peu à peu, venant passer la soirée, arrivaient les invités, hommes et femmes, des dîners précédents qui seraient aussi ses **commensaux** de dîners ultérieurs. »

Georges Lecomte, *Ma traversée*, 1949.

Tous nos **INVITÉS** nous ont abandonnés ! Ou mieux dit par la marquise de Sévigné, citée par Pierre Larousse : « Tous nos **COMMENSAUX** nous ont fait faux bond. » Les commensaux sont nos **COMPAGNONS DE TABLE**, conformément à l'étymologie laissant percevoir le latin *mensa*, table. Cependant, par extension de sens, ce ne sont pas toujours des êtres humains : « La mouche voltige impunément autour du maître des animaux, dont elle se fait la **COMMENSALE** malgré lui », signale Bernardin de Saint-Pierre. Tout comme La Fontaine dans *Le Singe et le Chat* souligne que « Bertrand avec Raton, l'un singe et l'autre chat, Commensaux du logis avaient un commun maître. »

Un *Commensal de la maison du roi* était un officier se restaurant à la cour pendant son service. Le commensal d'une maison, en est un **PENSIONNAIRE**. Quant au **COMMENSALISME**, il définit deux organismes vivant ensemble dont l'un est parasitaire de l'autre sans lui nuire : un champignon. L'invité comestible…

« SYBARITE »

« Croire que le monde est un lieu de délices où l'on ne doit avoir que du plaisir, c'est la rêverie d'un **sybarite**. »
Voltaire, *Remarques sur les Pensées de Pascal*, 1728.

En partant des traits légendaires des habitants de divers lieux antiques, sont nés des mots tels que *spartiate, laconique*… Ainsi les **SYBARITES**, habitants de Sybaris, colonie grecque fondée au VIIIe siècle av. J.-C., laissèrent-ils le souvenir d'une immense richesse. D'où le luxe proverbial dans lequel vivaient les Sybarites et la reprise du mot en français – notamment au XVIIIe siècle avec entre autres Fontenelle – pour désigner toute personne à la recherche des plaisirs raffinés, dans une vie oisive, molle et voluptueuse, entourée d'un luxe quotidien effréné.

Parmi les luxes attribués aux Sybarites, on compte les bains de vapeur, le plat au poisson dessiné en son fond, l'arrivée de Smindyridès à Athènes, avec une suite de mille personnes. **JOUISSEUR, VOLUPTUEUX**, le Sybarite est traité avec ironie, à la différence de l'**HÉDONISTE**, à la recherche du plaisir et fuyant la souffrance. À Sénèque de faire sourire avec le sybarite Mindyride incommodé par les plis des feuilles de rose de son lit. Tout de même, quelle finesse de perception !

AGAPE(S)

« Il est parfois difficile de trouver un parfait maître-queux. Ce sont de véritables **agapes** auxquelles vous nous avez conviés là. »
Marcel Proust, *À l'ombre des jeunes filles en fleurs*, 1918.

En 1873, dans *Le Ventre de Paris*, Zola fait dire à Florent à propos de Napoléon III qu'il est « une canaille qui s'enfermait avec de Morny et les autres pour faire des **GUEULETONS** ». Attesté dès 1743, *gueuleton* est pour le moins familier, même s'il est expressif. Quelle serait sa traduction en langue soutenue ? Citons alors Jules Michelet qui, dans l'*Histoire de la Révolution française*, évoque une scène où « le vin coulait dans les rues, les tables étaient dressées et les vivres en commun, tout le monde ensemble mangea cette **AGAPE**. »

Au singulier, l'agape, mot issu du grec *agapê*, amour et repas fraternel, désigne le repas en commun des premiers chrétiens suivant la communion. Par extension et plutôt au pluriel, les agapes désignèrent un **FESTIN**, un **BANQUET. FAIRE DES AGAPES,** c'est en principe **FAIRE BONNE CHÈRE**, jadis bon visage – *chiere* signifiant *visage* en ancien français –, puis bel accueil et donc très bien manger. Qui n'y est pas sensible ?

UN CORTÈGE DE FESTIVITÉS GASTRONOMIQUES

En 1859, dans *La Légende des siècles*, Victor Hugo décrit une scène qu'il résume dans un dernier mot : « Au fond, la table éclate avec la brusquerie /De la clarté heurtant des blocs d'orfèvrerie, /De beaux faisans tués par les traîtres faucons, /Des viandes froides, force aiguières et flacons, /Chargent la table où s'offre une opulente **AGAPE**. » Bien que parfaitement choisi, le mot « agape » au singulier ou au pluriel bénéficie de fait de mots voisins chacun à leur façon porteur de nuances.

Ainsi, le **FESTIN**, étymologiquement « repas de fête », issu de l'italien *festino*, s'illustre à travers les festins royaux et les festins de noces. Allusion à la Bible, le **FESTIN DE BALTHAZAR** fait référence à celui, grandiose et orgiaque, donné par le roi de Babylone, au cours duquel il reçut un message prophétique annonçant sa fin : il mourut la nuit même, de la main de David. Vieilli et familier, un **BALTHAZAR** s'assimile à un repas plantureux. Quant au **FESTIN DE LUCULLUS**, nom d'un consul romain, il illustre la meilleure gastronomie.

D'usage presque oublié, il faut enfin signaler la **FRAIRIE**, altération de *confrérie*, moment joyeux où l'on fait bonne chère, la frairie pouvant aussi désigner régionalement une fête locale.

Il reste le **BANQUET**, repas d'apparat réunissant force convives. Quel que soit le mot choisi, l'eau monte à la bouche.

ABSTÈME

« Nous serions tous **abstèmes** si l'on ne nous eût donné du vin dans nos jeunes ans. »

Jean-Jacques Rousseau, *Émile* ou *De l'éducation*, 1762.

En 1762, entrait dans le *Dictionnaire de l'Académie française* le mot **ABSTÈME** : « Celui ou celle qui ne boit point de vin », assorti d'un exemple : « L'Église dispensoit du calice les Abstèmes. » Issu du vocabulaire religieux, ce nom et adjectif précis, attesté en 1596, vient du latin *abstemius*, le privatif *abs* précédant *temetum*, le vin.
L'abstème ne buvant pas de vin, condition nécessaire au sacerdoce, il avait besoin d'une dispense. S'ensuivit une dispute théologique entre luthériens et calvinistes, ces derniers admettant la communion avec le seul partage du pain, ce que refusaient les luthériens. Par ailleurs, à partir du XVIIIe siècle, le mot eut la faveur des littéraires.
Si l'adjectif **SOBRE** s'impose dans l'usage courant, Lafaye, en 1848, rappelle que « sobre se dit proprement du boire, mais on l'étend au manger », et *tempérant*, modéré dans le boire et le manger, relève en fait du « ni trop ni trop peu ».
Enfin, presque personne ne nous comprendra si on se dit **NÉPHALISTE**, mot issu du grec et désignant l'**ABSTINENCE** absolue de tout alcool. La ruine des viticulteurs.

« POSTPRANDIAL »

« Un dessert de trop, un café en moins, une légère somnolence **postprandiale** [...] ont pu priver de façon définitive, un terme [...] en provoquant une distraction momentanée du compilateur. »
Robert Chaudenson, *Vers une autre idée et pour une autre politique de la langue française*, 2006.

La construction même de l'adjectif **POSTPRANDIAL** suppose que pareil terme soit précédé par un autre adjectif : **PRANDIAL**. Ce dernier, rarissime et désignant médicalement ce qui se rapporte au repas, vient du latin *prandium*, où se repèrent le radical *pram*, tôt, et le verbe *edere* manger. S'il définit ce qui relève du repas du matin ou de midi, médicalement ou ironiquement, son dérivé, *postprandial*, qualifiera l'hypoglycémie survenant après l'ingestion d'un repas copieux, ou la **SOMNOLENCE POSTPRANDIALE**. On évoquera aussi plaisamment la **SIESTE POSTPRANDIALE**.

Repris plaisamment au vocabulaire médical, **PRÉPRANDIAL** caractérise le moment précédant un repas. En 1955, dans *Lolita*, à Vladimir Nabokov d'évoquer un « sherry préprandial », et en 2012, à Peter Heller de signaler dans *La Constellation du Chien* sa « promenade préprandiale autour du lac ». Apéritifs préprandiaux et agapes soutenues imposent une sieste postprandiale.

« UBUESQUE »

« Il voyait le conflit comme une épopée ubuesque où s'affrontaient l'imagination et le crétinisme. »

Francine Noël, *Maryse*, 1983.

Inutile de consulter Littré et son dictionnaire achevé en 1872 pour expliciter l'adjectif **UBUESQUE**. Il faut attendre en effet que naisse littérairement le **PÈRE UBU**, personnage grotesque de la pièce d'Alfred Jarry, *Ubu roi*, représentée en décembre 1896. Attesté en 1922, « ubuesque » qualifie toute personne ou situation faisant penser à Ubu, caractérisée par son despotisme et sa cruauté, un cynisme à toute épreuve, une forfanterie notoire et un caractère outrancier assorti de petitesses dérisoires. Pareil personnage accompagné par la Mère Ubu, son épouse qui au reste se joue en permanence de lui, a inspiré force commentaires et fait naître un adjectif utilisé dès qu'on est confronté à ce qui est **ABSURDE, ABERRANT, INSENSÉ** et **GROTESQUE** dans le même temps.

Retenons le propos de Francis Jourdain daté de 1951 : « Nous avons connu la blague à froid genre anglais […]. Et puis une évolution s'est produite […] sous le signe du Père Ubu, professeur d'égoïsme […], pantin féroce, baudruche à forme atrocement humaine, caricature hideuse, grotesque. » Pas de quartier pour l'ubuesque !

DE L'ABSURDE ET DE LA LITTÉRATURE

Loin de se limiter à la littérature, l'adjectif **UBUESQUE** est en usage dès qu'une situation paraît absurde. Ainsi en 1958, Mauriac évoque-t-il dans ses *Notes* un « principe ubuesque : montrer la force qu'on n'a pas pour être obligé de s'en servir ».

Également né en littérature, à partir du nom de l'auteur austro-hongrois Franz Kafka, est attesté en 1947 l'adjectif **KAFKAÏEN**. Il qualifie alors l'univers absurde et inquiétant d'une société impersonnelle, qu'illustre par exemple *Le Procès* en 1925. De fait, l'univers des administrations tatillonnes, confinant à l'absurde dans l'infinie complexité des démarches, est kafkaïen : « Quelques petits fonctionnaires obtus viennent l'achever avec leurs règlements, leur paranoïa chauvine et une flopée de formulaires kafkaïens », écrit Guillaume Vigneault en 2000 dans ses *Carnets de naufrage*.

En 2011, dans le *Guide des vins de Bordeaux*, Jacques Dupont déplore « la paperasserie **COURTELINESQUE** et kafkaïenne à la fois » imposée aux viticulteurs. Est fait référence ici à Courteline dont l'univers théâtral est en partie burlesque, notamment dans la vie militaire, tout en étant teinté d'un scepticisme joyeux.

Enfin, avec Sartre et Camus, naît la philosophie de l'**ABSURDE**, illustrant le désarroi de l'être humain se sentant étranger, confronté à une existence dont il ne comprend pas le sens.

“LAPALISSADE”

« Dans la conversation ces jongleries donnent-elles une impression de *brillant* ; à la lecture, on voit trop combien ces belles envolées sont creuses : bien souvent elles dissimulent des **lapalissades**. »
Simone de Beauvoir, *Tout compte fait*, 1972.

Lapalisse, autrement dit Jacques II de Chabannes seigneur de La Palice, né en 1470, n'est pas resté à la postérité parce qu'il fut maréchal de France et accompagna François Ier en Italie jusqu'à la bataille de Pavie, où il perdit la vie. Il doit de fait ladite postérité au terme **LAPALISSADE** inventé à partir de son nom, lors du retour de sa dépouille en France, ses soldats relatant sa mort avec ces vers valorisants : « S'il n'était pas mort, il ferait encore envie », formule reprise sur son monument funéraire. Hélas, le *f* et le *s* initial étaient jadis de graphie presque identique et il fut facile a posteriori de lire *serait* au lieu de *ferait*, aboutissant à une **ÉVIDENCE** : « S'il n'était pas mort, il serait encore en vie », avec une variante la renforçant : « Un quart d'heure avant sa mort, il était encore en vie. » La Monnoye conçut au XVIIIe siècle une chanson gorgée de lapalissades : « S'il avait vécu garçon, il n'aurait pas eu de femme. » On doit aux frères Goncourt d'avoir lancé le mot en 1861 dans leur *Journal*. S'ils ne l'avaient écrit, on ne l'aurait su…

« GASCONNADE »

« Gasconnade. Fanfaronnade, vanterie de quelque chose fausse ou peu croyable. Cet homme se vante d'avoir esté à trente combats, mais ce sont autant de **gasconnades**. »

Dictionnaire de l'Académie française, 1694.

Présenté à Louis XIV en 1694, le *Dictionnaire de l'Académie* recelait de fait pour le monarque quelques exemples plaisants : « Il se vante d'avoir vingt mille livres de rente, d'estre bien à la Cour, mais ce sont des **GASCONNADES**. » Qui était visé ? Point de gasconnade sans Gascon, lequel est défini, sans plus d'indulgence en 1690 dans le dictionnaire de Furetière que dans celui de l'Académie française : « Gascon : Fanfaron, hâbleur, querelleur. » Au XXIe siècle, l'Académie ajoutera à ce portrait peu flatteur des expressions tout aussi peu amènes : « Une **OFFRE DE GASCON**, une **PROMESSE DE GASCON**, sur laquelle il serait imprudent de trop compter ». L'espoir reste permis cependant…

Nous gardons néanmoins des Gascons, aidés en cela par Alexandre Dumas, le meilleur souvenir, car nos vaillants mousquetaires venaient pour la plupart de Gascogne. Quelques **VANTARDISES** ou **FANFARONNADES**, quelques **HÂBLERIES** ne sont après tout que la marque des tempéraments joyeux et optimistes.

« BRIMBORIONS »

« Appeler événement des **brimborions** sans importance [...] ça fait pitié quand on y pense. »

Georges Duhamel, *Confession de minuit*,1920.

Toutes ces **BABIOLES** nous encombrent… Ce ne sont que **BRIMBORIONS**, entendons des objets, des choses de peu de valeur. De fait, rien de grand dans un *brimborion* même si, à l'origine, on y retrouve étymologiquement un livre de prières… Il s'agit en effet d'une altération du latin ecclésiastique *brevarium*, livre de prières, aboutissant vers 1450 aux *breborions*, désignant de menues prières, bredouillées. Dans cette évolution vers une « petite chose », fût-elle une prière, sans doute par analogie phonétique avec une « bribe », menu morceau, fragment sans importance, les brimborions s'assimilèrent un temps aux **FANFRELUCHES** dont on garnissait les chapeaux, puis à tout menu objet, à toutes sortes de **BAGATELLES**, à des **BRICOLES**, des choses sans valeur…
Le mot est parfois synonyme de « peu » ou « presque rien ». Cité dans le *Trésor de la langue française*, Georges Duhamel, en 1920, dans *Confession de minuit*, évoque ainsi un « brimborion de peau », pendant que Céline, en 1936, dans *Mort à crédit,* s'exclame qu'il n'avait « pas une bribe, pas un brimborion d'honneur ». Dommage.

« ECTOPLASME »

« Le fantôme d'Albertine flotte comme un **ectoplasme** dans la ténèbre asphyxiante d'une chambre. »

François Mauriac, *Du côté de chez Proust*, 1947.

« Bougre d'**ECTOPLASME** à roulettes », s'écrie le capitaine Haddock dans *Coke en stock*, page 50 de cet album, le dix-neuvième, paru en 1958. Le bougon Haddock a ainsi fait de ce mot savant un juron, comme il en a le secret, agrémenté de roulettes… Hergé n'a pas perdu de temps pour l'intégrer au vocabulaire du fidèle capitaine : issu en effet de l'univers de la biologie, le mot n'est attesté en français qu'en 1890, avant de prendre de l'extension dans le registre de l'occultisme, dès 1895.

Construit à partir du grec *ektos*, à l'extérieur, au-dehors, et plasma, forme, l'ectoplasme représente en biologie la couche superficielle d'une cellule vivante, et dans le cadre des sciences occultes, la manifestation **FANTOMATIQUE** de nature indéterminée, prenant une forme plus ou moins précise en s'extériorisant d'un médium en état de transe. Ce mot de la biologie aurait été utilisé pour la première fois par Charles Richet pour désigner ces manifestations propres aux séances de spiritisme. Il ne semble pas, pour l'heure, que soient apparus des ectoplasmes à roulettes. Haddock a menti.

ÂNE DE BURIDAN

« Pyrrhon restant entre le bien et le mal, comme l'âne de Buridan entre deux mesures d'avoine. »

Honoré de Balzac, *La Peau de chagrin*, 1831.

Être totalement **INDÉCIS, IRRÉSOLU**, c'est « être comme L'**ÂNE DE BURIDAN**, incapable de choisir entre deux partis équivalents » comme le rappelle l'Académie française. Ce qui fait nécessairement s'interroger sur Buridan. Qui est-il ?

Jean Buridan, né au début du XIVe siècle, est un philosophe français dont le nom est associé au **PARADOXE DE L'ÂNE DE BURIDAN**, en fait un **DILEMME** absurde et se résumant à mettre en scène un âne qui a autant soif que faim à égale distance entre un seau d'eau et un picotin d'avoine. Une **HÉSITATION** sans fin le laisse alors périr passant par une **ALTERNATIVE** insensée, victime d'une totale **INDÉTERMINATION** qui soulève une interrogation philosophique sur la notion de liberté.

En vérité, point d'âne dans les écrits de Buridan, mais un chien en situation analogue. C'est a posteriori que fut imaginé un âne entre deux bottes de foin, ou un picotin nourrissant et un seau désaltérant.

Entre ces deux dictionnaires **SON CŒUR BALANCE**, finalement, ne pouvant choisir il resta un âne. De Buridan.

BARGUIGNER

« D'Argenson [...] a gardé du seizième siècle des débris de locutions qui effaroucheraient même le plumitif du greffe et qu'il emploie sans hésiter, sans **barguigner.** »

Sainte-Beuve, *Causeries du lundi*, 1851-1862.

HÉSITER longuement à acheter quelque chose, tenter de l'acquérir à moindre prix, **MARCHANDER** restent naturels. Dès 1165, est ainsi attesté le verbe *bargaignier* dans le sillage du latin médiéval *barcaniare*, commercer, issu du germanique *borgonjan*, emprunter.

En entrant en langue française, ce verbe prend d'emblée le sens retenu par Furetière en 1690 : « Barguigner : marchander sou à sou quelque chose. » Et il ne peut s'empêcher d'ajouter un commentaire sexiste : « Les Marchands n'aiment pas à vendre à des bourgeoises, parce qu'elles barguignent trop. » Une variante de sens, au reste oubliée aujourd'hui, est également signalée : « Les Italiens se servent de ce mot pour dire : vendre à crédit. »

Par extension, *barguigner* est aussi **METTRE DU TEMPS** à se décider. Dans le bel usage, cet archaïsme dont le caractère familier est patiné par les siècles ne manque pas de charme. « À quoi bon tant barguigner et tant **TOURNER AUTOUR DU POT** ? » s'interroge en 1670 Molière via *Monsieur de Pourceaugnac*.

ATRABILAIRE

« Un vieil **atrabilaire** que tout exaspère, qui ne supporte pas les jeux, les rires innocents, […] jaloux, qui le croirait ? de ses jeunes frères, de ses sœurs… »

Nathalie Sarraute, *Vous les entendez ?*, 1972.

Quel rapport établir entre l'adjectif **ATRABILAIRE**, c'est-à-dire « porté à la mauvaise humeur, à l'irritation », comme le rappelle l'Académie française et la couleur noire ? *Atrabilaire*, attesté en français au XVIe siècle, correspond de fait à un terme de médecine, l'atrabile, du latin *atra bilis*, bile noire. Cette humeur était selon les Anciens à l'origine de la mélancolie, ce dernier mot étant issu du grec *melagkholia*, de sens identique, le **MÉLANCOLIQUE** étant d'abord perçu comme victime d'un excès de « bile noire ».

En 1808, Cabanis, dans les *Rapports du physique et du moral*, affirme encore que « Les maladies chroniques dépendent presque toutes, dans les pays chauds et secs, d'inflammations lentes, d'engorgements hypocondriaques, de dégénérations atrabilaires, introduites dans toutes les humeurs. » D'humeur noire et triste, les **HYPOCONDRIAQUES** se gorgent de médicaments et sont sans cesse chez le médecin, dominés qu'ils sont par leur **ANXIÉTÉ** de la maladie. Ne vous **FAITES PAS DE BILE**, leur dit-on souvent.

DE NOS HUMEURS

Du latin *humor*, liquide, d'où l'adjectif *humide,* est né au XIIIe siècle le mot **HUMEUR**, les Grecs ayant déjà rendu pérenne l'idée que cette substance liquide élaborée par le corps régulait la santé. Jusqu'au début du XIXe siècle régna ainsi ce qu'on appelait la **THÉORIE DES HUMEURS**.

Quatre éléments étaient censés régir le corps : l'air, le feu, l'eau, la terre, avec quatre qualités, chaud ou froid, sec ou humide. Pour être en bonne santé, un équilibre devait exister entre ces éléments, le déséquilibre entraînant les **SAUTES D'HUMEUR**.

En pratiquant au XVIIe siècle la saignée, on pensait chasser lesdites humeurs, les humeurs étant au nombre de quatre : le *sang*, la *pituite* dite aussi *phlegme*, la *bile jaune* et la *bile noire*. Le *sang* venait du foie et était reçu par le cœur, d'où la formule avoir un **TEMPÉRAMENT SANGUIN**, en principe jovial et chaleureux. La *pituite* ou *phlegme*, dite aussi *lymphe*, était rattachée au cerveau, d'où le fait d'avoir un **TEMPÉRAMENT LYMPHATIQUE** ou **FLEGMATIQUE**, contrôlant ses émotions. Ensuite, la *bile jaune*, venant du foie, donnait le caractère **BILIEUX** enclin à la violence. Enfin, la *bile noire*, issue de la rate, donnait le caractère **MÉLANCOLIQUE, ANXIEUX, ATRABILAIRE**, *mela* et *atra* signifiant « noir ». Et si au sanguin revenait la bonne humeur, aux autres il fallait **DILATER LA RATE** pour un rire salvateur !

MATER DOLOROSA

« Pour Rosa, l'innocence de son fils est incontestable. Dans un ballet d'images charnelles, poétiques, la **mater dolorosa** se lance dans une quête sublime et dévorante. Mais jusqu'où l'amour maternel peut-il conduire ? »

Caroline Dorka-Fenech, *Rosa Dolorosa*, 2020.

« Mère de douleur », telle est la traduction du latin **MATER DOLOROSA**, formule qui s'est imposée dans l'univers chrétien à travers les représentations de la Vierge éplorée, soutenant sur ses genoux son fils descendu de la croix. De même thème est la **PIÉTA** ou **PIETÀ**, la plus célèbre restant celle sculptée par Michel-Ange.
Ce thème devenu universel a son pendant avec les scènes heureuses intitulées **LA NATIVITÉ** ou **LA VIERGE À L'ENFANT**. On évoque parfois la **MÈRE DES SEPT DOULEURS** que sont la prophétie initiale, la fuite en Égypte, la disparition de Jésus au Temple, sa rencontre sur le chemin de croix, la station devant la croix, la descente de la croix et la mise au tombeau.
Au Moyen Âge, un hymne rendit célèbre son premier vers : *Stabat Mater dolorosa*, la mère se tenait là dans la douleur. Ainsi popularisée, la *Mater dolorosa* est devenue par dérision toute mère ou femme exprimant une tristesse excessive. Et le père alors ?

“PATER FAMILIAS”

« Dans ces circonstances critiques, le cousin Jules eut le poids d'un **pater familias.** »

Malègue, *Augustin*, 1933.

« **BONUS PATER FAMILIAS** », le « bon père de famille », fut un latinisme courant dans le droit civil, en tant que référence à une norme. La formule latine et sa traduction ont tardivement disparu de l'usage, comme en témoigne en juin 1982 le remplacement dans la loi du fait de « jouir des locaux en bon père de famille », par « en jouir paisiblement ». Dans le droit romain le pater familias – parfois écrit *paterfamilias* au XIXe siècle – bénéficiait d'une autorité absolue sur sa famille, avec des droits exorbitants, par exemple celui de vie ou de mort sur ses enfants. Il était très respecté en tant que l'homme le plus âgé. L'abréviation **PATER FAMILIAS** croisait en 1831 la mention historique du pater familias romain, s'appliquant en fin de siècle à tout père soucieux de son autorité.

Au sens moderne du terme, il est rarement évoqué sans un doigt d'ironie ou de tendresse pour un certain ridicule. À la façon d'Alice Ferney avec *Dans la guerre*, publié en 2005 : « Les chefs de famille, seuls hommes non mobilisés, vieux pater familias à moustache, casquette sur le front, sourcils froncés, marchaient en tête. »

LAPALISSADE

AGAPES

ACADÉMIE

POSTPRENDIAL

CALLIPYGE

ADONIS

ABSTÈME

COMMENSAL

SYBARITE

POUR REHAUSSER
NOS DISCOURS ET NOS CONVERSATIONS...

... EN SE MONTRANT PLUS CULTIVÉ...

« Il pesait ses mots avant de les dire. »

Jules Romains, *Les Hommes de bonne volonté*, 1932.

« Pour certains, culture est entendu avec des résonances plus strictement intellectuelles : dans le sens où l'on parle de culture classique, de culture scientifique, d'homme cultivé ; pour d'autres, il désigne une méthode, une certaine aisance que l'homme acquiert dans l'exercice de son esprit, une participation à une certaine manière de réagir et de penser – on parlera alors de culture française – ; pour d'autres, enfin, la culture est tout ce qui élargit la pensée et la conscience individuelle ou collective – on pourra dans cette acception parler de culture politique. »

Daniel-Rops, *Ce qui meurt et ce qui naît*, 1937.

« Voici ma définition de la culture : ce qui permet à un homme cultivé de n'écraser personne sous le poids de sa culture. »

Michel Serres, *Des sciences qui nous rapprochent de la singularité*, 2006.

« ROCHER DE SISYPHE »

« Je voudrais tant avoir fini ce roman ! Ah ! quels découragements quelquefois, quel **rocher de Sisyphe** à rouler que le style, et la prose surtout ! ça n'est jamais fini. »

Gustave Flaubert, *Correspondance*, 1885.

Il serait presque inconvenant d'évoquer pareil rocher et pareille personnalité de la mythologie sans citer Albert Camus qui, en 1942, consacrait un essai philosophique au *Mythe de Sisyphe*, illustrant ce faisant la philosophie de l'absurde qu'il défendait, dominée à ses yeux par la vaine recherche de sens à l'existence. Camus a su rendre inoubliable cette légende grecque, qu'il rappelle dans l'essentiel : « Les dieux avaient condamné Sisyphe à rouler sans cesse un rocher jusqu'au sommet d'une montagne d'où la pierre retombait par son propre poids. » Et contrairement à ce qu'un tel sort suggère, une **TÂCHE** usante et **INTERMINABLE**, Albert Camus l'affirme : « La lutte elle-même vers les sommets suffit à remplir un cœur d'homme. Il faut imaginer Sisyphe heureux. » En 1840, dans la revue *L'Artiste*, un constat d'absurdité était brandi : « Hélas ! Il n'y a plus que des gens affairés, des hommes qui roulent du matin au soir le rocher de Sisyphe pour gagner et reperdre de l'argent… » Faut-il avec Camus les imaginer heureux ?

“

ROCHE OU PIERRE AU VIF DE LA LANGUE

Le minéral, perçu comme impitoyable ou rassurant, est souvent mis à contribution pour exprimer des situations humaines particulières, qu'il s'agisse du **ROCHER DE SISYPHE**, de la **ROCHE TARPÉIENNE**, d'une **PIERRE ANGULAIRE, DE TOUCHE, d'ACHOPPEMENT**, ou de la **PIERRE PHILOSOPHALE**.

À Rome, c'est du haut de la **ROCHE TARPÉIENNE**, à côté du Capitole, haut lieu de la République romaine, que l'on précipitait les condamnés. Une célèbre citation latine, traduite à la manière d'un inquiétant précepte, « Il n'y a pas loin du Capitole à la roche Tarpéienne », rappelle que plus on s'élève, plus la chute peut être rude. Ainsi, les généraux romains victorieux étaient-ils honorés en ce lieu, pour leur rappeler qu'il n'y a qu'un pas de la gloire à la déchéance : on peut rapidement **TOMBER DE HAUT**.

La première Épître de saint Pierre est formelle : « Voici que je pose en Sion une **PIERRE ANGULAIRE** [...], celui qui met en elle sa confiance ne sera pas confondu. » De là vient son assimilation à un élément fondateur alors que la **PIERRE D'ACHOPPEMENT**, sur laquelle on bute, représente un écueil. Quant à la **PIERRE DE TOUCHE**, inattaquable par les acides, elle est au sens figuré ce qui fait connaître quelqu'un, son **RÉVÉLATEUR**. Enfin la **PIERRE PHILOSOPHALE**, supposée transmuer les métaux en or, illustre ce qui est impossible à trouver. On la cherche encore.

TONNEAU DES DANAÏDES

« Notre cœur est semblable au **tonneau des Danaïdes**, que rien ne pouvait remplir. »

Pierre Leroux, *De l'Humanité*, 1840.

C'est sans fin, dit-on souvent d'une tâche cent fois accomplie et sans débouché. La comparaison est alors facile avec le **TONNEAU DES DANAÏDES**. Les Danaïdes, filles de Danaos, furent en effet condamnées à remplir en enfer un tonneau sans fond, pour avoir, à l'exception de l'une d'entre elles, exécuté leur époux lors de leur nuit de noces, sur l'ordre de leur père. Aucun doute, de par cette tâche absurde et sans fin, leur sort rappelle celui du Sisyphe.
En 1690, ce mythe est déjà répertorié, Furetière y faisant référence : « On dit proverbialement d'un homme qui dissipe autant de bien qu'on lui peut donner… que c'est un tonneau percé, par allusion au tonneau des Danaïdes qui ne pouvoit jamais être rempli. »
« Tous les lundis, se plaint en 1889 François Coppée dans ses *Contes rapides*, je versais […] en danaïde littéraire, mon urne de prose dans le **PUITS SANS FOND** du feuilleton. » C'est là l'image d'une situation sans issue, qui peut aussi désigner le fait d'investir de l'argent sans fin et sans retour. Tonneau des Danaïdes, puits sans fond, panier percé… il faut absolument vous réparer.

« DE CHARYBDE EN SCYLLA »

« L'éducation doit chercher sa voie entre le **Scylla** du laisser-faire et le **Charybde** de l'interdiction. »

Sigmund Freud, *Nouvelles conférences…*, 1917.

Il est aisé de deviner le sens que pouvait avoir une expression populaire telle que **TOMBER DE LA POÊLE SUR LA BRAISE** consistant à n'éviter un ennui que pour tomber dans un plus grand, ce qu'une formule toujours en usage, **TOMBER DE MAL EN PIS** illustre également. On développe exactement la même idée, mais en faisant référence à la mythologie, lorsqu'on se plaint de **TOMBER DE CHARYBDE EN SCYLLA**.

Charybde, fille de Poséïdon et Gaïa, sans cesse affamée, dévora le bétail d'Héraclès et pour châtiment fut envoyée au fond d'un détroit où elle engloutissait l'eau trois fois par jour, dans un gigantesque tourbillon. Tout proche résidait Scylla, nymphe victime de la magicienne Circé qui la changea en monstre effrayant. Terrée dans une caverne au fond inaccessible ménagée sur une roche élevée, impossible à gravir. L'insondable tourbillon et le récif dressé jusqu'au ciel constituaient pour les marins une épreuve effroyable : on n'échappait à l'un que pour être victime de l'autre. C'est aussi vrai de leur orthographe, deux écueils à bien mémoriser !

« POMME DE DISCORDE »

« J'étais lasse d'être comme une **pomme de discorde** entre deux êtres que je chérissais. »

George Sand, *Histoire de ma vie*, 1855.

La Fontaine ne pouvait manquer de nous offrir quelques vers sur un mythe aussi tentant : la **POMME DE DISCORDE**. Ainsi, ouvre-t-il en 1668 la fable intitulée *La Discorde* par ces vers piquants : « La Déesse Discorde ayant brouillé les Dieux, Et fait un grand procès là-haut pour une pomme, On la fit déloger des Cieux, Chez l'Animal qu'on appelle **HOMME**. On la reçut à bras ouverts… »
Ladite pomme, mythologiquement parlant une pomme d'or portant l'inscription délétère « À la plus belle », fut en effet jetée par la déesse Discorde aux Dieux, très fâchée de n'avoir point été invitée aux noces de Thétis et de Pelée. La pomme fit l'effet d'une grenade moderne : grave **SUJET DE DISSENSION**, de **DIVISION**, elle déclencha la guerre de Troie provoquant de fait entre Héra, Athéna et Aphrodite une vive querelle, rendue fatale lorsque le prince troyen Pâris l'offrit à Vénus, suscitant cela va sans dire la haine des autres déesses. En enlevant l'épouse de Ménélas, Hélène, promise à Pâris par Aphrodite, une longue guerre s'ensuivit. Pour le malheur des uns et le bonheur des lecteurs de *L'Iliade et L'Odyssée*.

“

DES MOTS POUR LE FLAMBEAU DE LA DISCORDE…

Offerte par Richelet en 1680 dans son *Dictionnaire françois*, bien que détaillée, la description de la déesse Discorde est incomplète : « Déesse adorée par les anciens afin qu'elle ne leur fît point de mal. Elle étoit dépeinte avec des yeux rouges, le visage pâle & défait, un couteau dans le sein & la tête coiffée de serpents. » Il manque en effet son attribut premier, le flambeau qu'elle brandissait, source d'expressions multiples : **ALLUMER LE FLAMBEAU DE LA DISCORDE, SOUFFLER SUR LES FEUX DE LA DISCORDE, UN FOYER DE DISCORDE**. Ainsi jette-t-on la discorde, tout autant qu'on la sème ou qu'on l'allume.
À Gabriel Girard, auteur de *Synonymes françois*, de présenter en 1740 quelques proches synonymes en les distinguant : « La concurrence des intérêts cause les **DIFFÉRENDS**. La contrariété des opinions produit les **DISPUTES**. L'aigreur des esprits est la source des **QUERELLES**. » Ce à quoi, en 1848, Guizot ajoute quelques distinctions entre la **DISPUTE, l'ALTERCATION**, la **CONTESTATION** et le **DÉBAT** : Si la *dispute* concerne deux personnes qui diffèrent d'avis, « elle se nomme *altercation* lorsqu'il s'y mêle de l'aigreur » pendant que « *contestation* se dit d'une dispute entre plusieurs personnes considérables, sur un objet important ». Quant au *débat* « il est une contestation tumultueuse entre plusieurs personnes ». Et si on faisait la paix…

“BOÎTE DE PANDORE”

« La vérité [...] doit demeurer ensevelie dans le sein du sage, comme l'espérance au fond de la **boîte de Pandore.** »
Chateaubriand, *Essai sur les révolutions*, 1797.

Si on se réfère à la mythologie grecque, tous nos maux viennent d'une boîte, **SOURCE D'ENNUIS INFINIS**. Ou plus exactement d'une jarre, dont le couvercle fut soulevé par Pandore, première femme humaine, façonnée dans l'argile. Créée par Zeus, elle devait le venger de Prométhée voleur de feu. La belle Pandore, d'abord promise à Prométhée qui ne la reçut point, fut accueillie par le frère de celui-ci, Épiméthée, qui, moins prudent, l'épousa. Or, Pandore portait dans ses bagages une jarre, une boîte, dont Zeus avait expressément interdit l'ouverture. La curiosité fit que Pandore ouvrit le récipient.
Que contenait-il ? Tous les maux de l'humanité : entre autres, la guerre, la famine, la folie, le vice, la vieillesse, et cent autres calamités, qui prirent leur envol pour fondre sur l'humanité. Seule l'espérance, plus lente à réagir, resta enfermée sous le couvercle vite remis. Ainsi, pomme croquée ou couvercle soulevé, braver l'interdit est durement châtié… On laissera Voltaire, dans une lettre du 7 novembre 1754 s'écrier désespéré : « Ô fond de la boîte de Pandore ! Ô espérance ! Où êtes-vous ? » Avec Prométhée bien sûr.

HUMANITÉS

« Faut-il rappeler que les **humanités** telles que les ont instituées les Jésuites au XVIIe s., les studia humanitatis, sont les études de ce qu'il y a de plus essentiellement humain. »

Julien Benda, *La Trahison des clercs*, 1927.

Un pluriel est parfois décisif : ainsi peut-on dire à quelqu'un qu'on est impressionné par ses **HUMANITÉS,** mais en rien par son **HUMANITÉ**. Aux frères Goncourt de s'exprimer sur le sujet en 1891 dans leur *Journal*, ayant perçu cette caractéristique lexicale : « Le collège jusqu'à dix-huit ans, puis une carrière d'examens jusqu'à vingt-cinq ans, et la moyenne de la vie est de quarante ans. C'est vraiment trop d'*humanités* dans la vie de l'*humanité*. »
En partant du latin *humanitas*, désignant la nature humaine, mais aussi la bienveillance et la culture, est donc né au singulier le mot français *humanité*, attesté en 1119. Quand passe-t-il au pluriel, en tant que formation de l'esprit par des études littéraires classiques ? Au début du XVIIe siècle, dans le sillage de la Renaissance. Puis, définies dans le *Journal officiel* du 9 juillet 2019, vinrent les **HUMANITÉS NUMÉRIQUES**, certes d'avenir, mais ne faisant pas oublier la définition donnée par Richelet en 1680 : « Ce mot au pluriel signifie la connoissance des Poètes et des Orateurs. »

ALMA MATER

« Alors lui aussi, il sucera le lait de l'**Alma Mater**. Tu feras du latin n'est-ce pas ? »

Marcel Arland, *Terre natale*, 1938.

« **UNIVERSITÉ : ALMA MATER** », rappelle Flaubert dans son recueil d'idées reçues, publié à titre posthume en 1913, où il offre complaisamment pour un millier de mots le cliché qui y fait écho au XIXe siècle. Bien que, semble-t-il, déjà largement galvaudée, selon l'impitoyable jugement de Flaubert, cette formule toute faite pour désigner l'université faisait cependant preuve d'une culture certaine. Les deux expressions **ALMA MATER** ou **ALMA PARENS**, signifiant en latin **MÈRE NOURRICIÈRE**, étaient en effet très appréciées des poètes antiques pour évoquer leur patrie.

Si elle reste encore au XXIe siècle synonyme d'une nature perçue dans son ensemble, l'alma mater devenant la planète nourricière à protéger, elle est le plus souvent plaisamment associée à l'Université avec un brin de nostalgie. Ainsi en est-il de Philippe Labro qui, en 1986, dans *L'Étudiant étranger,* évoque le plaisir de « revenir à l'Alma Mater – la mère première – pour y revivre l'ambiance du campus, comme un pèlerinage aux sources ». On n'oublie jamais ses lieux de formation.

« PYGMALION »

« Modeler une statue et lui donner la vie, c'est beau ; modeler une intelligence et lui donner la vérité, c'est plus beau encore. Cimourdain était le **Pygmalion** d'une âme. »

Victor Hugo, *Quatre-vingt-treize*, 1874.

Dans les *Métamorphoses*, long poème latin écrit au début de notre ère, Ovide reprend une légende issue de la mythologie mettant en scène Pygmalion et Galatée. Pygmalion, roi de Chypre, exerce la sculpture avec talent tout en étant célibataire par choix, révolté qu'il est par les Propétides, prostituées peuplant l'île et se livrant à des sacrifices humains. Or, au fur et à mesure que Pygmalion sculpte avec amour une statue d'ivoire représentant la nymphe Galatée, statue si belle dit Ovide que « nul objet ne saurait l'égaler », l'artiste s'éprend de son œuvre. Aphrodite donne alors vie à la statue ; Pygmalion pourra donc épouser celle qui est née de sa main.

On donnera vite à ce personnage la force d'un symbole illustré par la personne amoureuse guidant l'objet de son amour vers le succès. Quant à l'**EFFET PYGMALION**, il s'agit de l'effet bénéfique sur un élève de l'appréciation positive d'un enseignant à son égard. En 2016, on pouvait lire que Madame de Warens, si influente sur le jeune Rousseau, fut sa **PYGMALIONNE**. Un féminin à suivre.

PARANGON

« La perle, le phénix et le **parangon** des soubrettes en la personne de l'incomparable Zerbine. »

Théophile Gautier, *Le Capitaine Fracasse*, 1863.

Une pierre très dure, le plus souvent un fragment de jaspe noir, inattaquable par les acides et donc utilisé pour prélever un peu de matière sur une monnaie, un bijou d'or ou d'argent, pour ainsi mesurer leur titre, c'est-à-dire la proportion d'or ou d'argent qu'ils contiennent, voilà la définition d'une **PIERRE DE TOUCHE**. Et de définir alors dans le même temps l'origine du **PARANGON** qui nous vient au XIIIe siècle de l'italien *pietra di paragone*, littéralement « pierre de touche ». En italien comme en français, le parangon s'assimila à l'idée d'un modèle, sens que le mot a gardé en tant qu'illustration parfaite de quelque chose, par exemple un **PARANGON DE VERTU**, une formule très usitée.

Le mot prend sa source avec le *parakonân*, construit sur *akonân*, aiguiser, et *para* indiquant la comparaison : un parangon de modestie… On évitera d'évoquer l'usage du mot « parangon » par Marcel Proust dans *Le Temps retrouvé* publié en 1927 : « Des ministres tarés et d'anciennes filles publiques étaient tenus pour des parangons de vertu. » Mais qui dit qu'on ne peut pas s'améliorer ?

« ACMÉ »

« Si globalement la marche vers la maturité est la plus grande montée de mon existence, chaque âge, comme on l'a dit, est à certains égards une **acmé** relative, chaque âge est la montée vers un horizon de valeurs et de pouvoirs qui a en soi sa perfection. »

Paul Ricœur, *Philosophie de la volonté*, 1949.

Le mot féminin **ACMÉ** – distincte de l'*acné*, une affection de la peau – est issu du grec *akmê*, la pointe, et il bénéficie déjà, lors de l'Antiquité, d'un sens figuré : le moment le plus aigu d'une maladie. C'est au XVIIIe siècle qu'il entrera en français avec ce sens.

Il s'insérait alors dans l'ensemble des quatre étapes d'une maladie, l'*arche*, son commencement, l'*anabasis* sa croissance, précédant l'*acmé*, son plus haut point, suivi du *paracme*, son déclin. Seule l'acmé resta dans l'usage, devenant le plus haut degré atteint dans un art, un style, une doctrine, une pensée, mais aussi une qualité. Il n'est ainsi pas désagréable d'être **À L'ACMÉ DE** sa beauté.
Du grec *oxunein*, exciter, naquit aussi le **PAROXYSME**, le **PIRE MOMENT** d'une maladie, d'une tempête ou d'une colère. Inversement, l'**APOGÉE** point le plus éloigné de la Terre pour la Lune, a pris figurément un caractère positif : être **À L'APOGÉE DE** sa gloire, au **SOMMET**. Arrière ici, toute maladie !

ÉQUANIMITÉ

« Il m'a semblé très peu doué sous le rapport du calme et de l'**équanimité** si nécessaires à l'homme d'État. »
Prosper Mérimée, *Lettres à Madame de Beaulaincourt*, 1870.

Jacques Amyot nous offre en 1572 à travers une traduction de Plutarque, *De la tranquillité de l'âme et repos de l'esprit*, la première attestation du mot **ÉQUANIMITÉ**, issu du latin *æquanimitas*, où se repèrent *æquus*, égal, et *animus*, âme, définissant l'**ÉGALITÉ D'HUMEUR**. Le fait que les hommes dépendent toujours du lendemain serait ainsi, selon Plutarque, « une de ces choses qui troublent l'équanimité et la tranquillité d'esprit ».
En 1942 dans son *Journal*, Gide déclare se remettre au labeur « avec un zèle d'adolescent et une patiente équanimité de vieillard ». C'est pourtant à tout âge que l'on devrait se maintenir en « équanimité et pure indifférence » devant des débats oiseux, selon la formule de Montaigne. Le **FLEGME,** parfois dit britannique, ce grand calme loin de la bruyante émotivité, est proche du **CALME OLYMPIEN**, celui supposé de l'Olympe, royaume des dieux. Enfin, être **IMPASSIBLE**, en ne laissant pas paraître ses souffrances, se distingue du fait de rester **IMPAVIDE**, sans peur, devant le danger. Quant à l'adjectif **ÉQUANIME**, on le dit vieilli, c'est dommage.

« (H) UBRIS, HYBRIS »

« **Hubris**. C'est ainsi que les Grecs nomment une confiance en soi et un orgueil excessifs qui finissent toujours par être punis par les déesses de la vengeance, les terribles Érinyes. »

Catherine Cusset, *Le Problème avec Jane*, 1999.

La **DÉMESURE**, l'excès, l'**ORGUEIL**, tel est le sens du mot grec **HYBRIS**, également orthographié **HUBRIS** ou **UBRIS**, tous mots du genre féminin. Auprès des dieux, pareille insolence de la part des hommes était inadmissible. La tragédie grecque est de fait en grande partie fondée sur cette attitude que les dieux punissent.

Ce dépassement des limites de la condition humaine, une usurpation du divin est tout d'abord explicité chez Platon qui, mettant en scène Socrate, lui fait opposer la tempérance à l'hybris, surgissant quand « déraisonnablement, un désir nous entraîne vers les plaisirs et nous gouverne ». Ce mot reprend vigueur au début du XXIe siècle, avec par exemple Muriel Barbery, qui en 2006 dans *L'Élégance du hérisson*, affirme que « dans un monde où l'hubris du désir sera muselée pourra naître une organisation sociale neuve ». Elle n'hésite pas à user aussi d'un autre mot grec, de registre très soutenu, le **KAIROS**, définissant la chance à savoir saisir. Fuir l'hubris, mais ne pas repousser le kairos !

“ MITHRIDATISER ”

« Tatum m'a dit que cet homme étrange est doué d'une immunité presque magique, qu'il est totalement insensible à tous les poisons des serpents américains, complètement **mithridatisé.** »

Romain Gary, *Chien blanc*, 1970.

Roi du Pont et du Bosphore au Ier siècle av. J.-C., Mithridate connut une adolescence difficile à la suite de l'assassinat de son père : confronté aux meurtriers qui cherchaient aussi à l'empoisonner, Mithridate, dit la légende, absorba des doses croissantes de poison, créant ainsi une **ACCOUTUMANCE**. Au IIe siècle après J.-C., l'historien grec Appien raconte que ne parvenant pas même à se suicider en s'empoisonnant, il dut se faire tuer par un mercenaire !

De cette légende est né en 1878 le verbe **MITHRIDATISER**, certes **IMMUNISER** quelqu'un en lui faisant absorber des doses croissantes de poison, mais aussi, figurément et pronominalement, devenir insensible à une agression. La **MITHRIDISATION** s'impose parfois pour ne pas souffrir : La Varende, en 1943, évoque l'accoutumance du marin aux fatigues de la navigation. **VACCINÉ** par les épreuves, « il y a endurcissement, mithridatisation », écrit-il. La **MITHRIDATE** était jadis un **CONTREPOISON**, mais gare au **VENDEUR DE MITHRIDATE**, c'était toujours un charlatan.

« L'ALCÔVE ET L'AGORA »

« Dans le réduit obscur d'une **alcôve** enfoncée, S'élève un lit... »
Boileau, *Le Lutrin*, 1674.

« La multitude grossissait [...] qui débouchait à la fois de toutes les rues [...] dans la lumière éclatante de l'**agora** d'Alexandrie. »
Pierre Louÿs, *Aphrodite*, 1896.

En 1669, dans *Les Amours de Psyché et de Cupidon*, au moment où Psyché entre dans une chambre, elle s'émerveille de la voir ornée de « colonnes de Porphyre aux **ALCÔVES** ». Et l'auteur, La Fontaine, d'ajouter alors : « Ne vous étonnez pas de ce mot d'alcôve c'est une invention moderne. » Il n'était en effet attesté que depuis 1646, en tant que renfoncement abritant un lit dans une chambre.

Issu de l'espagnol *alcoba*, mot lui-même venu de l'arabe, en ayant d'abord défini une coupole puis une petite chambre connexe, le mot a d'emblée séduit les courtisans en devenant aussi synonyme de lieu intime de rencontres amoureuses, d'où l'évocation des **SECRETS D'ALCÔVE**.

À l'inverse, l'**AGORA** représente la grande place publique de la cité grecque où s'assemblent les citoyens et où s'installe le marché. De là, l'assimilation au sens moderne de l'agora à un lieu de débat public. Ne pas confondre l'alcôve et l'agora, l'intime et le public !

PLAIDOYER PRO DOMO

« Quand Zola soulève une thèse, elle n'est jamais désintéressée, c'est toujours un **plaidoyer pro domo** sua. »
Edmond et Jules de Goncourt, *Journal*, 1882.

Lorsque Cicéron revint de son exil, en 57 av. J.-C., il fit à Rome un discours devant les pontifes pour qu'on lui restitue sa propriété, confisquée pendant son absence par le tribun Clodius. Satisfait de son plaidoyer **PRO DOMO SUA**, littéralement « pour sa maison », cette **PLAIDOIRIE** gagnée devint d'autant plus célèbre que Cicéron en était fier. Et put ainsi passer à la postérité le fait de *plaider pro domo sua*, abrégé en **PLAIDER PRO DOMO**, signifiant par extension plaider pour sa propre cause.

Les plaidoyers de Cicéron furent aussi célèbres que ceux de Démosthène à Athènes au IIIe siècle av. J.-C. Ce dernier avait tout d'abord, dit la légende, des difficultés d'élocution qui le firent s'entraîner avec des petits galets dans la bouche. On lui doit les **PHILIPPIQUES**, discours véhéments prononcés contre Philippe de Macédoine. Au XVIe siècle les philippiques désignèrent tout propos violent contre quelqu'un. À l'inverse d'une **APOLOGIE**, ayant pour but de défendre et valoriser quelqu'un ou quelque chose. Évitons nos propres apologies, halte à l'apologie du crime.

FATUM

« Leur divinité rejoignait le **fatum** : un destin qui ne serait pas aveugle, et terriblement attentif au contraire à la perte des âmes réprouvées dès avant leur naissance. »

François Mauriac, *Vie de Jean Racine*, 1928.

Mot latin désignant le destin implacable, le **FATUM** s'est installé avec le même sens en langue française au XVIIIe siècle, notamment par le biais des encyclopédistes s'intéressant à la notion de **DESTINÉE**. Issu du verbe latin *fari*, dire, prédire, il est de la même famille que la **FATALITÉ** ou le **FATALISME**. Ce dernier mouvement philosophique né pendant l'Antiquité correspond de fait à une doctrine selon laquelle le monde et les êtres humains suivent une marche inéluctable, indépendante de leur volonté.

Si Diderot signale dans l'*Encyclopédie* que « *fatum* est un terme fort en usage parmi les Anciens », qui pouvaient considérer que « la Divinité a réglé l'ordre des choses et désigné ce qui doit arriver à chaque personne », le mot a pris aussi ensuite une connotation parfois amusée, comme en témoigne Marcel Proust dans *Sodome et Gomorrhe* paru en 1924 : « Il n'y avait rien à faire qu'à s'incliner devant ce fatum qui avait voulu que la présence d'Albertine empêchât de le reconduire… » Quel bel alibi que le fatum !

CASSANDRE

« Voici un admirable sonnet dans lequel Ronsard identifie sa maîtresse **Cassandre** avec l'antique prophétesse de ce nom ; il se fait prédire par elle ses destinées, qui se sont accomplies presqu'à la lettre. »

Sainte-Beuve, *Tableau de la poésie française*, 1828.

Deux Cassandre sont en piste… Un homme et une femme. L'homme est ridicule : il correspond à un personnage de la *commedia dell'arte*, Cassandrino, diminutif de Cassandro, et masculin de Cassandra. Il s'agit alors d'un vieillard sot et bafoué. On en trouve la trace chez Stendhal dans *Vie de Rossini* publié en 1823 où apparaît « un vieux sénateur plus ou moins Cassandre ».

La femme est au contraire d'une grande beauté, fille d'Hécube et de Priam, le roi de Troie. Apollon lui accorde le don de prédire, mais la belle, lui refusant ses faveurs, est condamnée par le dieu vindicatif à n'être jamais crue dans ses prédictions. Y compris les plus importantes : la guerre de Troie ou le destin d'Agamemnon.

Aussi incarne-t-elle toute personne prédisant un sombre dénouement en n'étant pas crue ou en déplaisant. Ainsi **JOUER LES CASSANDRE(S)** est-ce **JOUER LES PROPHÈTES DE MALHEUR**. On aimerait que Cassandre se trompe parfois.

ÉPICURIEN

« La confusion de cette tournure de caractère avec la sobre et sévère doctrine d'Épicure et des vrais **épicuriens** tels que Lucrèce s'est produite dès l'Antiquité romaine. »
André Lalande, *Vocabulaire de la philosophie*, Épicurien, 1923.

Y aurait-il deux types d'**ÉPICURIEN** ? D'un côté la personne ayant fait sienne la philosophie d'Épicure, philosophe né 341 av. J.-C., qui a fondé une doctrine parfois qualifiée de « philosophie du Jardin », l'ayant dispensée dans un petit jardin d'Athènes. L'**ÉPICURISME** consiste à user alors avec modération des plaisirs naturels de l'existence et de bannir la crainte et le désir. « La clé de la sagesse épicurienne consiste à comprendre que nous pouvons être heureux si nos désirs, au lieu d'être illimités, se ramènent à la dimension restreinte des besoins de notre corps », rappelle ainsi, en 2008, Roger-Pol Droit, en préface de *Lucrèce l'épicurien*.
De l'autre côté, vint une autre définition, dévoyée, que signale Littré : « **ÉPICURIEN** : un **VOLUPTUEUX**, un homme qui aime le plaisir et qui s'y connaît », un **JOUISSEUR**, un **BON VIVANT**. À Claude Roy alors de suggérer en 1987, dans *La Fleur du temps*, qu'« un atrabilaire invente l'Enfer, un épicurien le Paradis, et un centriste invente le Purgatoire. » Épicure au Paradis ?

« MADELEINE DE PROUST »

« Les retrouvailles inattendues avec les traces d'un passé oublié sont susceptibles de les transformer en autant de **madeleines de Proust** à tout jamais. »

Ellen Guillemain, *Esprit de famille*, 2017.

Marcel Proust s'est éteint en 1922. Un siècle s'est écoulé au cours duquel son talent n'a cessé d'être toujours davantage reconnu. En 2022 était rappelé dans *Marcel Proust, « psychologue original » dans les dictionnaires* que le premier article lui étant consacré dans le *Petit Larousse*, en 1925, ne le présente que comme « romancier, psychologue original, auteur d'*À la recherche du temps perdu* ». *Psychologue* se comprend alors en tant que personne percevant finement l'âme humaine à travers nos diverses passions et réactions.

Dans le millésime 2023 du *Petit Larousse,* Marcel Proust est désormais devenu l'écrivain « qui domine l'histoire du roman français au XXe siècle ». Est alors évoqué son pouvoir d'évocation de la mémoire réunissant passé et présent en une sensation retrouvée : une madeleine trempée dans le thé lui « fait revivre par le rappel d'une saveur oubliée toute son enfance ». Ainsi naquit ce concept : **LA MADELEINE DE PROUST**, « l'objet qui déclenche des souvenirs en chaîne », souligne l'Académie française.

“

QUELQUES MOTS ISSUS DE L’UNIVERS PROUSTIEN

Marcel Proust ne pouvait imaginer qu’un certain nombre de ses observations et des formules qu’il a imaginées pour en rendre compte passeraient dans la langue française, la **MADELEINE** en étant l’illustration la plus connue. Ainsi, dans le *Petit Larousse 2023*, retrouve-t-on dans la partie consacrée à la langue un second sens pour la *madeleine*, celui qu’a fait naître Marcel Proust et de fait mentionné sans même le nommer : « Fig. Objet, événement, odeur, saveur, qui font surgir un souvenir ancien. *À chacun sa madeleine*. »

Relevant en revanche d’une complicité culturelle maintenue, il faut retenir **FAIRE CAT (T) LEYA**. Le point de départ littéraire en est l’épisode où Swann se trouve dans une voiture avec Odette, un cahot créant quelque désordre dans la tenue de la jolie mondaine, une fleur de cattleya ornant sa coiffure et son corsage. Remettre de l’ordre dans sa tenue offre alors l’occasion sensuelle d’un premier baiser et d’étreintes à venir. « Bien plus tard, précise Proust, la métaphore *faire catleya* » devenait « un simple vocable » employé « quand ils voulaient signifier l’acte de la possession physique ». La plaisante locution allait avoir du succès, *faire flores* si on peut dire.

Quant à la **RÉMINISCENCE**, retour à l’esprit de faits, d’émotions relevant du passé, *À la recherche du temps perdu* en est en vérité la plus belle et la plus longue illustration. Celle du temps à retrouver.

« CYNÉGÉTIQUE »

« La chasse tient une place de premier plan dans la prospérité de la Sologne qui est la plus belle région **cynégétique** de France. »
La Forêt française, 1955.

Le mot paraît savant : il l'est. Le philosophe et chef militaire Xénophon fut en effet en 393 av. J.-C. le premier à écrire un traité ainsi intitulé et le mot **CYNÉGÉTIQUE** vient du grec *kunêgétikos*, signifiant « de chasse », dérivé de *kunêgétês*, le chasseur, où se reconnaît le radical *kunos*, le chien. La chasse est effectivement historiquement pratiquée avec des chiens. Il faut attendre 1750 pour que soit cité *cynégétique* dans un dictionnaire de mots difficiles, adjectif « qu'on donne aux Lois & aux usages qui regardent la chasse & les chiens ». Signalons au passage que l'adjectif **CYNIQUE** consiste étymologiquement à se comporter sans convenance, comme un chien, « à la cynique », écrit Rabelais. En parallèle à cette **CYNÉGÉTIQUE**, l'art de la chasse en général nourri de traité de cynégétique, est née l'**HALIEUTIQUE**, du grec *halieus*, pêcheur, désignant ce qui est relatif à la pêche, activité humaine ou poème halieutique d'Oppien au IIe siècle. Ainsi dit-on que les roselières, peuplées de roseaux protecteurs, sont de belles réserves cynégétiques et halieutiques. À protéger.

JACOBIN, GIRONDIN

« Le 16, une pétition des **Jacobins** d'Auxerre demanda, non le procès, mais nettement la mort [de Louis XVI]. »
Jules Michelet, *Histoire de la Révolution française*, 1842.

L'histoire de la Révolution a marqué la langue française à travers des engagements politiques distincts, qu'il s'agisse de ceux des **JACOBINS**, des **GIRONDINS** ou des **MONTAGNARDS**.
Installés au début de la Révolution dans le réfectoire d'un couvent des Dominicains alors appelés familièrement Jacobins – leur première fondation à Paris se trouvant rue Saint-Jacques, et Jacques se disant *Jacobus* en latin –, les Jacobins, dominant sous la Convention, furent d'ardents défenseurs d'une égalité absolue, se montrant **INTRANSIGEANTS**, une réputation qui les suivit, en y associant le choix d'un pouvoir central fort. « Partout le jacobin, homme à principes, et inflexible, est redouté », s'exclame Alain en 1925. Opposés à la centralisation, regroupant maints députés de la Gironde, les **GIRONDINS**, incarnant les modérés, furent victimes en 1793 des **MONTAGNARDS**, siégeant de fait sur les bancs les plus élevés. « Le génie girondin, celui de Fénelon, Montaigne, Montesquieu, celui du grand parti, qui, en 93, périt pour ne pas tuer, est vif mais modéré, équilibré », affirme Michelet en 1853.

ZOÏLE

« D'où ma surprise devant l'affreux portrait que faisait de moi un **Zoïle**. »

André Maurois, *Mémoires*, 1967.

Fort heureusement les **ZOÏLES** sont rares… Qui était Zoïle donnant ainsi son nom à tout **CRITIQUE** envieux et injuste et s'acharnant sur une œuvre ou un auteur ? Né vers 400 av. J.-C., cet écrivain grec fut un grammairien et surtout le critique rédigeant neuf livres de remarques acides sur celui que les Grecs considéraient comme le prince des poètes, Homère. Dès l'Antiquité, avoir ainsi déprécié l'idole le fit honnir, et quiconque se montrait **DÉTRACTEUR** inique et violent d'une sommité faisant référence fut traité par antonomase – un nom propre élu nom commun – de Zoïle.
À ce critique malveillant et jaloux on a pu opposer au cours de l'Antiquité un autre critique, **ARISTARQUE**, grammairien grec d'Alexandrie du IIIe siècle av. J.-C. éditeur et commentateur d'Homère. Il sut se montrer certes sévère mais éclairé, minutieux et bienveillant. Par antonomase, il devint également synonyme de critique, mais en principe en bonne part, même si plaisamment le mot fut parfois utilisé ironiquement. Un Zoïle est haineux, un Aristarque exigeant. L'un détruit, l'autre peut faire progresser.

“

UN BOUQUET DE MOTS POUR LA CRITIQUE

Du grec *kritikos*, dérivé du verbe *krinein*, juger, estimer, est né le mot masculin **CRITIQUE** qui, en 1810, est attesté au féminin pour désigner l'ensemble des personnes faisant métier de la critique des œuvres de l'esprit. Dès 1663, est aussi attesté le sens péjoratif : un jugement défavorable. D'où la réflexion formulée par le comédien Destouches en 1732 : « La critique est aisée et l'art est difficile », dont le contrepoint serait apporté en 1784 par Beaumarchais, « Sans la liberté de blâmer, il n'est point d'éloge flatteur », tiré du *Mariage de Figaro* et devise adoptée par *Le Figaro* à sa fondation en 1826.
« Une critique est l'examen raisonné d'un ouvrage, de quelque nature qu'il puisse être ; une **CENSURE** est la répréhension précise et modifiée de ce qui blesse la vérité ou la loi. [...] Il faut critiquer avec goût, et censurer avec modération », rappelle Guizot dans son *Dictionnaire de synonymes*, en 1858.
Le **COMMENTAIRE** très longuement détaillé d'un texte relèvera d'une **EXÉGÈSE**, au sens propre l'interprétation de la Bible. **L'EXAMEN** d'un texte procède plutôt d'une évaluation en vue d'une décision à prendre. Quant à la **DIATRIBE**, du grec *diatribê*, discussion d'école, il s'agit d'une critique amère, d'une **CHARGE** violente et injurieuse. Évidemment, toute personne qui écrit préfère les **DITHYRAMBES**, éloges enthousiastes, même si à l'origine il s'agit d'un chant à la **LOUANGE** du dieu du vin, Dionysos.

« SPARTIATE »

« Il avait en tête un certain idéal viril de l'enfance, d'après lequel il tâchait de former son fils, voulant qu'on l'élevât durement à la **spartiate**, pour lui faire une bonne constitution. »

Flaubert, *Madame Bovary*, 1857.

Sparte également appelée Lacédémone, cité de la Grèce antique, a offert dans le sillage de Lycurgue au Xe s. av. J.-C. un modèle social diffusant des concepts marquants. Ainsi, l'**OLIGARCHIE** – du grec *oligos*, peu nombreux et *arkhê*, le commandement – s'illustre-t-elle avec Sparte, gouvernée par un très petit nombre, affirmant la puissance militaire de la cité. On se souvient des **HOPLITES**, fantassins pesamment équipés, symboles d'une armée redoutable et d'une éducation très rigoureuse, dite **SPARTIATE**. Taine le rappelle en 1865 : « Les enfants spartiates couchent sur un tas de roseaux [...] un futur soldat doit s'endurcir. » À la classe des Égaux revenaient des terres redistribuées à parts égales, pendant que les **(H) ILOTES** étaient maintenus dans la misère et l'ignorance. Pour dégoûter de la boisson les jeunes Spartiates, on leur donnait, dit-on, le spectacle d'un ilote qu'on avait enivré. Synonyme de **SÉVÈRE, RIGOUREUX, AUSTÈRE**, l'adjectif « spartiate », bien que souvent pris en bonne part, reflète à dire vrai un système totalitaire.

HAGIOGRAPHIE

« Culte des morts… Les grands hommes, leurs centenaires, leurs anniversaires, créent à la longue une **hagiographie**, un calendrier rituel. »

Jean-Richard Bloch, *Destin du siècle*, 1931.

Issu du latin *hagiographa*, construit à partir du grec *hagios*, sacré, et *graphein*, écrire, le mot **HAGIOGRAPHE** est attesté en français à la fin du XVe siècle pour qualifier les Saintes Écritures, puis au XVIe siècle, pour désigner un auteur des livres hagiographes, « de la Bible, autres que ceux de Moïse et des prophètes », précise Littré. Par extension, fut aussi appelé hagiographe tout **BIOGRAPHE** embellissant à l'excès la vie des personnages décrits.

L'**HAGIOGRAPHIE**, mot attesté au début du XIXe siècle, bénéficia du sens religieux, mais s'assimila aussi à une **BIOGRAPHIE LAUDATIVE, ÉLOGIEUSE**, les **LOUANGES** nourrissant des ouvrages **ÉDIFIANTS**. « Il y a toujours de pieux hagiographes pour nous persuader que les saints n'ont jamais fait de bêtises étant gamins… » souligne Daniel Rops, en 1937 dans *Ce qui meurt et ce qui naît*. Tout aussi facétieuse est la définition de l'hagiographie en tant que **LÉGENDE DORÉE** par les auteurs de mots croisés : « La vie du bon côté, la vie en rose »…

« ŒCUMÉNISME »

« **Œcuménique** : Universel, de toute la terre habitable. »
Dictionnaire de l'Académie française, 1694.
« **Œcuménisme**. [...] comportement visant à réaliser l'union des esprits au sein d'un groupe de personnes aux idées divergentes. »
Dictionnaire de l'Académie française, XXIe siècle.

En toute première souche du mot **ŒCUMÉNISME**, on repère la racine grecque *oikos*, la demeure, le lieu où l'on habite, à l'origine de l'*oikoumenê*, abréviation de l'*oikoumenê gê*, la terre habitée, l'univers, en grec. Repris en latin ecclésiastique pour désigner toute la terre habitée, ce qui est universel, le mot français apparaît en 1547 en tant qu'adjectif, **ŒCUMÉNIQUE** qualifiant les conciles, en étant synonyme d'**UNIVERSEL**. Ce sens premier s'est maintenu et, en 1898, Gustave Kahn, dans *Le Conte de l'or et du silence*, peut évoquer, par exemple, « le silence œcuménique autour du Palais ».

Le sens religieux l'emportera avec les mouvements œcuméniques, favorables à l'unité des chrétiens au-delà des différences entre catholiques, orthodoxes, protestants et anglicans, d'où, attesté en 1927, l'**ŒCUMÉNISME**. L'adjectif et le substantif évoqueront également au sens figuré la volonté de rassembler des personnes de points de vue différents. Place alors à la **CONCILIATION**.

“

AUTOUR DE L’UNIVERSEL

Si « œcuménique » est initialement synonyme d’« universel », se confirme bien au sens figuré cette orientation consistant à **ACCORDER** des points de vue distincts. À Littré alors de signaler qu’« accorder, c’est proprement mettre d’accord, ramener au même ton, **À L’UNISSON**, tandis que **CONCILIER** signifie uniquement rapprocher ». De même veine, « **ŒCUMÉNISME**. *Par analogie*. **RAPPROCHEMENT, UNION, UNITÉ** » sera ajouté en 1986 par les lexicographes du *Trésor de la langue française*.
Cette volonté de faire une place à ce qui est « considéré comme commun à tous les hommes », l’une des définitions de l’adjectif **UNIVERSEL**, a au XVIIe siècle déjà suscité la réflexion de Gabriel Girard, auteur de notre premier dictionnaire consacré aux synonymes, établissant, dès 1740, la distinction entre **GÉNÉRAL** et **UNIVERSEL** : « Ce qui est *général* regarde le plus grand nombre des particuliers, ou tout le monde en gros. Ce qui est universel regarde tous les particuliers, ou tout le monde en détail. » Et d’ajouter, de tempérament œcuménique, que « le gouvernement des Princes n’a pour objet que le bien général, mais la providence de Dieu est *universelle* ». **ALLIANCE, COMMUNION**, entrent également dans cette danse des mots autour de l’œcuménisme. Tous sentiments fondés sur la **TOLÉRANCE**. Joli mot, n’est-ce pas, pour conclure un livre !

‘‘ INDEX

INDEX

“ INDEX

“ INDEX

“ INDEX

INDEX

“ SOMMAIRE

SOMMAIRE

EN ÉTANT ÉMOUVANT, ÉLÉGANT... 35

“SOMMAIRE

EN ÉTANT AMUSANT... 77

SOMMAIRE

EN SE MONTRANT PLUS CULTIVÉ... 101

‘‘ DÉJA PARUS

Les 100 Choses à avoir faites au moins une fois dans sa vie à Paris
(*Figaroscope*, 2013)

100 pièges à éviter pour écrire et parler un excellent français
(*Le Figaro littéraire*, 2014)

100 choses à avoir faites au moins une fois dans sa vie à Paris avec ses enfants
(*Figaroscope*, 2014)

100 bonnes & mauvaises manières à connaître dans la vie
Le guide du bien élevé
(*Le Figaro*, 2015)

Les 100 Citations et Locutions pour ne pas perdre son latin
(*Le Figaro littéraire*, 2015)

100 expressions héritées de l'Histoire
(*Le Figaro littéraire*, 2015)

100 expressions favorites de nos grands-mères
(*Le Figaro littéraire*, 2016)

100 anglicismes à ne plus jamais utiliser !
(*Le Figaro littéraire*, 2016)

100 bonnes & mauvaises manières à connaître
Le guide du bien élevé en vacances
(*Le Figaro*, 2016)

100 lieux du patrimoine français à avoir vu au moins une fois dans sa vie
(*Le Figaro*, 2016)

100 pour cent chic - Le guide de l'élégance au masculin
(*Le Figaro Magazine*, 2016)

Aux origines des 100 superstitions qui hantent ou réjouissent notre quotidien
(*Le Figaro*, 2017)

Le Tour de France des 100 péchés mignons
(*Le Figaro*, 2017)

100 lieux pour se ressourcer en France
(*Le Figaro Magazine*, 2017)

100 lieux qui ont fait la France
(*Le Figaro Magazine*, 2017)

100 expressions savoureuses à partager entre petits et grands
(*Le Figaro*, 2017)

100 Châteaux qu'il faut connaître à Bordeaux
(*Le Figaro Vin*, 2018)

Les 100 Inventions qui font la fierté de la France
(*Le Figaro Magazine*, 2018)

Les 100 Expressions à éviter au bureau et ailleurs
(*Le Figaro*, 2018)

Les 100 Romans français (qu'il faut avoir lus)
(*Le Figaro littéraire*, 2018)

Les 100 Poèmes (qu'il faut absolument connaître)
(*Le Figaro littéraire*, 2019)

Les 100 Répliques cultes du cinéma français
(*Le Figaro*, 2019)

Les 100 Plus Belles Lettres de la langue française
(*Le Figaro littéraire*, 2020)

Les 100 Citations de philosophie les plus précieuses
(*Le Figaro littéraire*, 2020)

Les 100 Dates vraiment clés de l'histoire de France
(*Le Figaro histoire*, 2020)

Les 100 Héroïnes de la littérature
(*Le Figaro littéraire*, 2021)

Les 100 Plantes qui soignent
(*Le Figaro*, 2021)

Les 100 Personnages cultes de la BD
(*Le Figaro*, 2021)

Les 100 Héroïnes de l'art
(*Madame Figaro*, 2021)

Les 100 Expressions inspirées de l'art
(*Le Figaro littéraire*, 2021)

Les 100 Héros de la littérature
(*Le Figaro littéraire*, 2022)

Pour en finir avec les 100 fautes de français qui nous agacent
(*Le Figaro littéraire*, 2022)

Les 100 Règles du savoir-vivre
(*Le Figaro*, 2022)

100 mots & expressions employés à mauvais escient
(*Le Figaro littéraire*, 2022)

“ AUTEUR

Jean Pruvost, Professeur d’Université émérite, directeur éditorial des éditions Honoré Champion, est également depuis 1993 le directeur de la *Journée des dictionnaires*.
Il est l’auteur de plus de 800 publications dont plus de 50 livres, parmi lesquels deux *Que sais-je ?*, *Les Secrets des mots* en 2019, *La Politesse au fil des mots et de l’histoire* en 2022, ainsi que *Marcel Proust, psychologue original, dans les dictionnaires* et *Comment en finir avec les 100 fautes de français qui nous agacent* aux éditions du Figaro littéraire. Prix Logos en 2000 pour *Dictionnaires et nouvelles technologies*, Prix de l’Académie française en 2006 pour *Les dictionnaires français, outils d’une langue et d’une culture*, il se passionne pour l’histoire de la langue française et son lexique.
Il possède plus de 10 000 dictionnaires et se définit volontiers comme un incurable dicolâtre… Il a donné plus de 5000 chroniques de langue radiophoniques et télévisées et, en 2019, lui étaient décernés par le Cénacle européen francophone le Prix Émile Littré et, par l’Académie française, la Grande Médaille de la Francophonie. Son « violon » d’Ingres est la guitare…

Société du Figaro. Siège social, 14, boulevard Haussmann, 75009 Paris.
Président : Charles Edelstenne.
Directeur général, directeur de la publication : Marc Feuillée.
Directeur général adjoint : Jean-Luc Breysse.
Directeur des rédactions : Alexis Brézet.
Directeur du Figaro littéraire : Étienne de Montety.
Auteur : Jean Pruvost.

Éditeur : Robert Mergui.
Maquette : Sophie Trotin et Sarah Zanet.
Couverture : Philippe Gruson.
Création : Sarah Zanet.
Correction : Joseph Castaldo.
Responsable de la diffusion : Sophie Miton.
Responsable de la communication : Marie Berthaud.
Directrice de production : Corinne Videau.
Directrice de fabrication : Emmanuelle Dauer.

Crédit photo : Adobe Stock.

ISBN : 9-782810-510023

Achevé d'imprimer en décembre 2022 sur les presses de l'imprimerie Pollina, France - 44756.
Imprimé sur papier Amber Graphic 110 gr produit par Arctic Paper.